# 민병주 무대미술
## STAGE ART & MIN BYOUNG GU

# 민병구 무대미술 **1**
ⓒ민병구 2021

| | |
|---|---|
| **1판 1쇄** | 2021년 1월 11일 |
| **지은이** | 민병구 |
| **펴낸이** | 강민철 |
| **펴낸곳** | ㈜컬처플러스 |
| **편집** | 고혜란 |
| **디자인** | 조정화 |
| **홍보** | 강지석 |
| **출판등록** | 2003년 7월 12일 제2-3811호 |
| **ISBN** | 979-11-85848-11-2 (93680) |

| | |
|---|---|
| **주소** | 03170 서울시 종로구 새문안로5가길 28, 619호 (광화문플래티넘) |
| **전화번호** | 02-2272-5835 |
| **전자메일** | cultureplus@hanmail.net |
| **홈페이지** | http://www.cultureplus.com |

# 민병구 무대미술
## STAGE ART & MIN BYOUNG GU

컬처플러스

# 망치 소리에 귀 기울이다 보니 어언 30년

**민병구**
무대미술가·한국화가

작은 공간 속, 배우들이 각자의 위치에서 서툰 망치질과 톱질로 뚝딱거리면서 무대를 제작한다. 페인트에 색소를 혼합하는 방법도 잘 모르지만, 허연 화판을 색으로 채워야 한다는 생각에 붓을 든다. 뚝뚝 떨어지는 페인트 물방울에 안절부절 어찌할 줄 모르며 서툰 솜씨로나마 간신히 무대를 완성해 놓았다. 그러나 배우들이 만들어 놓은 무대가 맘에 안 들었던 연출가의 긴급 SOS 전화 한 통화에 무대를 처음부터 다시 제작하는 대공사가 시작된다.

얼떨결에 극단 새벽의 정기 공연 무대를 제작하게 되었습니다. 무대는 3일간 낮과 밤을 가리지 않고 몰두한 끝에 겨우 완성할 수 있었습니다. 무대에서 액자를 걸고 장식을 하며 배우들이 각자 자신의 자리에서 연출가의 지시에 따라 노력하던 모습을 보았습니다. 배우와 연출가가 호흡을 같이하며 앙상블을 이루는 모습이 너무나도 인상적이었습니다. 지금도 그 모습이 생생합니다. 아마도 이런 모습 때문에 저의 마음이 저절로 무대로 끌리게 된 건지도 모르겠습니다.

시간 나는 대로 그런 그들의 모습이 담긴 사진을 한 컷 한 컷 찍어 두었습니다. 그리고 공연 리허설 전 찍어 두었던 순간순간의 정지된 모습들이 이제는 시간의 뒤안길에서 빛바랜 추억이 되었습니다.

아주 오래전부터 사진 하나 제대로 찍어 놓지 않아 우리나라 많은 원로 무대미술가 선생님께서 해오시던 무대미술에 관한 귀중한 자료들이 공연이 끝나면 마땅히 보관할 곳이 없어 역사 속으로 사라지는 것을 보아 왔습니다.

많은 젊은 무대 미술인들과 제작소가 코로나19와 어려운 예술계의 현실에 경영난을 못 이겨 문을 닫고 다른 직업을 찾으며 미니어처와 자료들이 휴지통으로, 폐기물로 사라는 것을 먼발치에서 보아 왔습니다.

주변에 많은 분이 귀중한 자료가 사라지도록 내버려 두지 말고 개인 박물관이라도 만들어 기록전시를 하라고 하지만 막대한 예산을 혼자 감당하기에는 너무 부담스러웠습니다. 그러다 보니 "자료집이나 책이라도 내~~, 중요한 자료를 너라도 모아 만들어야지!"라는 말씀을 들을 때면 부끄럽기만 했습니다. 정부에서 관리하는 곳에서만 자료가 보관될 뿐 개인이나 단체는 자료 보관 전시실 하나 없어 잦은 이사로 인해 귀중한 자료와 보물 같은 무대장치들이 사라지고 그 속에 담긴 역사마저 사라지는 안타까움을 지켜보면서 이것이 우리의 열악한 연극예술계의 현실임을 실감합니다.

중학교 1학년이던 1981년, 우연히 헌책방에서 본 동양 화법《사군자 묘법》이 나를 설레게 하며 미래를 꿈꾸게 했고 처음 붓을 잡게 했습니다. 그림 그리는 방법을 몰라 붓으로 습자지에 그어보며 꺾어온 대나무에 플래시(손전등)를 비추어 비친 대나무 그림자를 연필로 그려 다시 붓으로 초안을 잡고 다시 습자지를 먼저 비추는 선에 따라 붓으로 그리기를 몇 년. 그림을 배울 수강료도 없었으며 어디서 배워야 하는지도 모르고 그저 미술 교과서에만 의존했습니다. 고등학교 2학년, 건방지게 어린놈이 공모전에 도전합니다. 그림을 배운 적도 없는 그림의 '그' 자도 모르는 시골 촌놈이 서울의 한 민간 미술 공모전에 입선 그리고 그다음 해 특별상을 받으면서 화가의 꿈을 가지고 서울로 상경했습니다.

화가 선생님들의 조언에 따라 지금까지도 만평을 그리고 무대를 만들며 신문, 잡지, 광고에 많은 붓과 펜을 들었습니다.

무대미술이란 직업이 제게 주어졌지만, 저는 무대미술에 대한 경영철학이 학문적으로 정립되어 있지 않았습니다. 그저 한 인간이면서 한 예술인으로서 생각하고 성장 과정과 체험 속에서 체득하면서 현재에서 미래를 그리면서 다져왔습니다.
학교를 다니면서 체계적으로 배운 무대미술이 아니었으며 계획이 체계적으로 적립되지 않은 직업이었습니다.

그리고 인생의 전환점에서 주먹구구식으로 망치와 붓과 연필을 잡던 그 시절, 청주대학교 연극영화과 이창구 교수님의 많은 지도편달 아래 저 또한 서툰 망치질을 시작한 지도 엊그제 같은데 벌써 시간은 흘러 2020년이란 시간 속에서 또 시계 소리의 초침바늘을 만지작거리는 단역배우가 되었습니다.
무대미술가 고(故) 송관우(본명 송길근) 선생님을 소개 받고 많은 가르침을 받았는데 지난 2017년 3월 봄, 외로이 병원에서 돌아가셨습니다.

그동안 공연이 준비되고 막이 올랐다가 막이 내리고 관객은 관객대로 배우는 배우대로 스태프는 스태프대로 그 공연 순간순간들의 아쉬움을 잠그지 못한 채 잊어야만 했습니다.

저 나름대로 무대에서 침묵과 싸우듯 하루 1시간 반씩 잠을 자면서 30여 년이 넘도록 디자인과 무대 제작을 해왔습니다. 30여 년이 넘는 지난 세월 동안 쉴 틈 없이 무대와 함께 살아왔습니다. 그러다 가끔은 제 작품이 지극히 어리숙한 졸작이란 생각도 했습니다. 무대미술이란 직업은 거칠고 다소 위험스러운 직업이기도 합니다. 미술인의 신분을 벗어나 신의 영감을 받아 이식을 우선으로 일반인과 전문가의 눈높이를 모두 만족시켜야 하는 일입니다. 상상력의 측면에서 거침없는 대담함이 필요하고 도발적

으로 분출된 상상력의 결과물을 만인에게 선보이는 일입니다. 많은 목수와 용접공, 기술자들과 충돌이 있어 치열하게 기술을 배우고 손에 익혀야 했습니다. 한정된 시간 속에서 무대를 제작하느라 늘 어두운 곳이 일터가 될 수밖에 없어, 비록 육체는 힘들고 작업은 혹독했어도 마음은 언제나 즐거웠습니다. 오히려 무대의 막이 내리면 한편으로는 허전한 마음을 속으로 달래기도 했습니다.

저는 틈틈이 공연 사진을 찍고 보관해오면서, 마음이 답답하면 지나간 공연 사진을 보면서 그때의 그 순간순간을 떠올립니다. 작품 사진 속에 스며있는 열정과 고뇌와 완성의 환희 그리고 당시 함께한 분들의 가슴 벅찬 기억들이 저를 다시 태어나게 합니다.

한편 외국에는 무대예술을 연구하는 학자들이 많다 보니 자연히 무대예술 자료를 보관하는 곳도 많다고 합니다. 체코에서는 해마다 세계 무대미술전이 열린다고 하니 무대미술의 발전 과정을 소식으로만 듣고서 마냥 부러웠습니다. 그래서 열악한 환경이지만 2007년에는 개인적으로라도 도전해보자 하는 마음으로 청주 예술의전당 전시실에서 무대미술전을 열어 무대디자인, 공연 자료 사진, 리플릿, 무대 소품, 포스터를 진열하고 호평을 받기도 했습니다. 당시에는 누군가 하나씩 일을 시작하다 보면 그것이 쌓여 한국 무대미술이 발전하는 계기가 되지 않을까 생각했지만, 결국 이 어렵고 힘든 일은 혼자만의 도전이었습니다.

이젠 저도 세월을 못 이기나 봅니다. 저도 몇 년 전 아니 2007년부터 과로로 조금씩 심장과 폐에 문제가 생겨 쓰러지기까지 하다보니 지금까지 하던 무대미술 일을 정리할까도 생각해보았습니다. 하지만 많은 연극인들이 부족한 저를 찾아 주셔서 조심조심 연필을 잡고 대본을 보며 제작소에 가서 작업장의 두꺼비집을 올리고 망치를 잡고 붓을 들어 다시 제작을 시작했습니다.
몇 년 전부터 건강이 좋지 않아 개인으로 무대미술전을 개최하는 것도 힘에 겨웠고, 방대한 자료들을 그냥 저 혼자만의 자료로 내버려 두기는 너무 아까웠습니다. 이 자료들을 가지고 책을 내볼까 여러 번 생각하고 고민했지만 '무슨 대단한 일을 했다고 책까지…'하는 마음에 용기가 선뜻 나질 않았습니다. 공연장에서의 감동이나 아쉬움을 생생하게 전달할 수는 없지만, 저의 미흡한 자료들이 공연을 준비하시는 연출가 선생님, 배우, 스태프분들에게 참고 자료가 될 수 있기를 간절히 바라는 마음을 담아 용기를 내봅니다.

일 년 365일을 작업장과 공연장에서 무대를 제작하고 설치, 철거하다 보니 시간에 쫓기어 무대미술 자료를 체계적으로 정리하지도 못했으며, 작업장을 여러 번 옮기다 보니 분실되는 자료도 많았습니다. 망치 소리가 어색하게 느껴지던 때가 어제 같은데 어느덧 30여 년이 넘어 연극, 무용, 국악, 음악,

방송, 뮤지컬, 오페라 등에 걸쳐 2,800여 점이 넘는 작품을 무대에 올렸습니다. 이렇게 바쁘게 지내다 보니 자료사진 찍는 것을 깜빡 잊는 경우도 많았습니다. 그나마 애써 찍어 놓은 작품 사진 중에는 잃어 버린 것도 많고, 보관을 잘못해 습도에 약한 사진과 필름이 늘어 붙어 버려진 것들도 많았습니다. 다행히 컴퓨터가 등장해 메모리가 꽉 차도록 저장을 할 수 있게 되어 미흡하나마 작은 이야깃주머니를 만들게 되었습니다.

많은 공연 작품 중 이 책에 소개되는 일부 작품들을 함께 제작하고 같이 참여해온 작가, 연출, 배우, 스태프 선생님들께 감사드립니다. 특히 30여 년 동안 한 가족처럼 같이 호흡해 온 극단 청년극장 가족들과 극단 에이치프로젝트 한윤섭 대표, 태극무대 박재범 대표, 청주연극협회 회원들께 열정이 담긴 추억의 사진을 감사의 마음으로 담았습니다. 또한, 시간이 날 때마다 늦은 시간까지 자료 정리와 편집을 도와준 충북문화재단 최영갑 후배에게도 감사의 마음을 전합니다.

그리고 어릴 적 미술에 눈을 뜨게 해주신 '보리화가' 송계 박영대 선생님, 서양화가이자 고교 은사이신 임영우 선생님, 무대미술 첫걸음부터 2020년인 지금까지 30여 년이 넘도록 무대 위에 우뚝 세워주시고 지도해주신 극작가 고(故) 차범석 선생님과 전 청주대학교 이창구 교수님, 2017년 3월 4일 봄 병원에서 홀로 외로이 유명을 달리하신 무대미술가 고(故) 송관우 선생님, 그리고 극작가 고(故) 윤조병 선생님께 머리 숙여 감사를 드립니다.

아울러 경이로운 무대미술에 눈을 뜨게 해 주신 극작가 노경식 선생님, 극단 민중 대표이자 전 한국연극협회 이사장이신 정진수 선생님, 전 한국예술인복지재단 이사장이자 전 한국연극협회 이사장이신 박계배 호원대학교 예술대학장님, 한국문화예술위원회 박종관 위원장님, 김성옥 전 극단 신협 대표님, 극단 미학 정일성 선생님, 박상규 전 상명대학교 교수님, 극단 뿌리 김도훈 선생님, 극단 앙상블 이종국 대표님, 연극평론가이자 연출가인 도완석 선생님, 연출가인 김성노 동양대학교 공연영상학부 교수님, 배우이자 연출가인 박종보 전 극단 청년극장 대표님, 홍진웅 전 극단 청년극장 대표님, 연출가 송전 전 한남대학교 사회문화대학원장님께 깊은 감사를 드립니다.

더불어 이 책이 발간되기까지 심혈을 기울여준 ㈜컬처플러스의 강민철 대표를 비롯 고혜란 이사, 조정화 실장, 제작진들에게도 감사의 마음을 전합니다.

충북 청주공항 옆 중부무대미술연구소 애송헌(愛松軒)에서

# '푸른 바다의 돛단배 한 척' 같은
# 빼어난 무대미술가

**노경식**
극작가

민병구, 그는 우리 연극예술의 빼어난 무대미술가이다.

작업에만 몰두해 늘 시간에 쫓기며 살아온 그는 그 흔한 책 한 권 만들 시간이 없었다. 그런 그가 드디어 책을 만들기 시작했다고 저서에 실릴 '축하의 말'을 청해 왔다. 우리네 연극 세계에서 무대미술가로서 그의 입지와 명망을 모르는 사람은 아마도 거의 없을 것이다. 그것은 그가 비록 충청도의 청주 땅에서 예술적 텃밭을 일구고 있으나 곧바로 '전국적 인물'이요, 연극인이라는 뜻이기도 하다. 그만큼 민병구는 무대 미술계의 보폭이 크고 넓으며, 역량이 뛰어나고, 또한 본인의 연극 예술적 열정과 성실함이 남다르다는 것을 의미한다.

내가 민병구를 알게 된 것이 언제부터인지는 기억에 없으나 아마도 십수 년은 넘었을 것이다. 서울 아니면 어느 지방의 전국연극제 심사를 맡은 곳에서, 서로 상면하고 통성명하게 되었으리라. 그는 소탈하고 친절하고 말수도 적다. 내가 나이 많은 선배였기에 그랬을까 몰라도 언제나 따뜻하고 정겨운 미소를 잃지 않는다. 책의 내용을 훑어보니 나의 창작품과 인연을 맺은 무대미술이었던 극단 은하의 〈달집〉(경북 포항 2010), 극단 선창의 〈철조망이 있는 풍경〉(전남 목포 2010)과 '극작가 노경식 등단 50년 기념 대공연'의 〈두 영웅〉(2016) 등 3편이나 실려있다. 참으로 고마운 일이다. 작품 〈두 영웅〉은 지난 2016년 2월 대학로의 아르코예술극장 대극장에서 첫 막을 올린 공연물인데, 무대 안쪽에 만경창파 푸른 바다를 건너가는 '돛단배'(帆船) 한 척을 덩그렇게 띄워서 작품의 주제를 멋있게 잘 살려내 주었다.

민병구는 청주 고을을 탯자리로 그곳에서 태어나고 성장하고 학교에 다니고, 미술 공부하고 작업하고, 한평생을 청주 붙박이로 살아오고 있는 천생 '촌놈'이다. 신장은 중간 키에, 순박하게 네모난 얼굴에 가무잡잡하게 그을린 피부를 하고 있다. 걸음걸이는 펑퍼짐한 것이, 본인 스스로가 갖다 붙인 '산적두목'이라는 별명이 안성맞춤이다. 그리고 순진무구한 그를 가만히 바라보면 어느새 입가에 엷은 미소를 머금게 되고, 가끔 구수한 충청도 사투리로 내뱉는 유머러스한 말은 폭소를 자아내게 한다. 익히 알다시피 민병구는 동양화가로서도 일가를 이루었다. 그의 아호는 '금호'(錦湖)인데 그 의미를 물어본 적은 없다. 민 화백은 갖가지 모습의 '부엉이 그림'을 즐겨 그리고 장기인 모양인데, 아마도 그가 그린 작품이 수백 쪽은 훨씬 넘으리라 예상한다. 고맙게도 어느 새해에는 매화나무에 부엉이 한 마리가 앉아있는 멋진 화폭을 연하장으로 보내왔다. 매화는 동양 사군자(四君子)의 하나로서 겨울 추위를 이겨내고 제일 먼저 꽃을 피운다고 해서 불의(不義)에 굴하지 않는 선비정신을 표상한다. 부엉이는 독일 철학자 헤겔의 경구 '미네르바의 부엉이는 황혼이 저물어야 그 날개를 편다'에 표현된 것처럼 인간의 지혜를 상징하는 신조(神鳥)가 아니던가!!

끝으로 우리의 금호 민병구 화백! 그의 훌륭한 무대미술이 일취월장 더욱더 완숙하고 빛나기를 기대하는 바이다.

# 공연이 끝나면 버려지는 무대를 '기록'으로 남겨

**박 계 배**

호원대학교 예술대학장
전) 한국예술인복지재단 대표이사
전) 한국연극협회이사장

공연을 더욱 빛나게 만들어주는 무대미술가 민병구 작가의 역작 《민병구 무대미술》 발간을 진심으로 축하합니다.

우리나라 신극 공연이 시작된 지도 어언 110년이라는 시간이 흘렀습니다. 1907년, 최초의 근대식 국립극장인 원각사(圓覺社)에서 아무것도 없는 빈 공간에 병풍 하나로 현재와 과거를 표현하고, 멍석 하나만으로도 여러 가지를 상상하게 만들었던 지난날, 돌이켜보면 대한민국의 모든 무대 뒤에는 특별한 무언가가 있었습니다. 그리고 그 가운데에는 민병구 작가가 있습니다.

하나의 공연이 만들어지기까지는 실로 많은 과정을 거치게 되지요. 눈에 보이는 배우들의 연기 뒤에는 보이지 않는 수많은 예술가의 열정과 땀이 담겨있습니다. 음악, 안무, 의상, 조명, 그리고 무대장치 등 다양한 예술이 혼용되어 하나의 작품이 만들어집니다. 적절한 무대 배치는 배우들의 동선과 연극의 흐름을 자연스럽게 연결해주고 관객에게는 시각적인 환경을 마련해주는 중요한 역할을 합니다.
로버트 에드먼드 존스는 "배우는 무대장치를 배경으로 하여 연기하는 것이 아니라 무대장치 속에서 연기한다"라며 무대예술의 중요성을 강조한 바 있습니다. 이처럼 무대예술은 그 공연을 더 재미있게 뒷받침해주는 가장 중요한 역할을 한다 해도 과언이 아닐 겁니다.

하지만 하나의 공연이 끝나면 그 무대장치 또한 바로 버려지는 것이 대한민국 공연계의 현실입니다. 물론 수많은 공연의 무대를 보존하는 것은 어려운 일입니다만, 적어도 무언가의 기록을 남긴다면 다음 세대에게 지식과 기술을 전수하여 더 나은 예술의 길로 안내할 수 있으리라 생각됩니다.

기록은 역사이며, 현실이며 미래입니다. 하지만 연극이나 무용, 뮤지컬 등 공연계에서는 자료 보관이 약한 것이 현실입니다. 그간의 무대미술·포스터·공연기록 등 관련된 정보가 남아있지 않은 것이 개인적으로 참 아쉽습니다. 그런 의미에서 한 시대의 공연 무대미술을 도록으로 출판해서 기록으로 남기는 것은 참으로 의미 있는 일이라 생각됩니다.

이번 《민병구 무대미술》 도록 출간을 바탕으로 향후 대한민국 공연계에서 그간 만들었던 모든 기록과 역사를 다시 쓰는 계기가 되어, 무대미술의 대중화에도 크게 이바지하길 바랍니다. 모쪼록 의미 있고 소중한 일을 해주신 민병구 작가께 거듭 감사드리며 《민병구 무대미술》을 통해 공연예술계가 더욱 사랑받기를 희망합니다.

# 새로운 무대와
# 창의적 발상 필요한 시기에 '희망'

**박 정 기**
극작가·연출가·평론가
한국희곡뮤지컬창작워크숍 대표

무대는 공연을 이루는 여러 핵심적 요소 중 하나이다. 이러한 공간적 요소는 공연 전반에 걸쳐 시각적 인상에 막대한 영향을 끼치므로 공연 시 무대의 형태나 기능을 고려해야 한다. 특히 무대장치는 공간 속에 주어지는 다양한 기법과 함께 공연과 조화를 이루어 흥미와 관심을 유발하게 되고 특정한 상황과 분위기를 연출한다. 그러므로 무대공간과 무대장치의 적절한 활용이 공연을 성공시킬 수 있는 중대한 요인이 된다.

현대의 공연에서 무대는 과거 무대의 개념과는 달리 동적인 차별성을 가진다. 현대 이전의 무대의 종류는 형태별로 분류가 되며 대부분 정적인 특징을 가지고 있다. 원시 단계에서는 광장·언덕 등 자연 지형을 이용했으나 경제 및 문화의 발전과 함께 상연의 기회가 늘어나고 고도의 예술성이 요구되어 인 공적인 연구를 가한 장소를 설정하게 되었다. 옛날 무대는 지붕이 있는 극장 내부에서 막을 이용하는 프로시니엄 무대(proscenium stage)가 일반적인 형태였다. 이러한 형태는 가장 보편적인 형태로서 객석 은 무대 구역의 한쪽 편에 있다. 벽으로 둘러싸인 무대는 프로시니엄 개구부에 공간을 통해 관객에게 열려 있는데, 이 개구부를 통해 프로시니엄 공간과 관객석을 섞어 놓음으로써 무대와 관객의 분리를 막고 하나가 그 다른 곳으로 흐르도록 하는 형태이다.

원형무대(arena stage)의 경우 시각적인 무대장치들은 작고 낮은 것으로 제한되며 관통해서 볼 수 있도 록 뚫어진 것으로 해야 한다. 이것은 장치의 제한점을 많이 지니므로 구성상, 커다란 장치보다는 세밀 한 장치를 중요시한다. 그 외 객석과 같은 높이의 무대, 유럽의 중세 극에서처럼 축제차 위에 무대가 붙어 있어 이동 가능한 것, 영국 엘리자베스 시대의 연극 무대처럼 에이프런(apron)이 붙어 있는 무대 등이 있다. 하지만 이러한 과거의 무대 개념과 형태로는 현대의 공연·예술을 표현하는 데에는 한계가 있음을 알 수 있다. 현대 공연 및 예술의 특성은 점차 장르의 경계를 허무는 크로스 오버(Crossover)와 관객의 참여를 유도하는 인터렉티브 스테이지(Interactive Stage)를 추구하고 있다.

많은 사람들이 현대는 정보화 사회라고 하며, 미래는 지식기반사회로 발전할 것이라고 예상한다. 미래의 지식기반사회는 문화력이 사회 발전의 근본 동력으로 작용할 것이다. 미래의 생산은 예술 쪽으 로 변해갈 것이다. 미래의 예술 공연은 문화력을 기반으로 한 대표적인 미래 산업으로 손꼽히고 있다. 이러한 공연을 위해 새로운 무대의 개념과 창의적인 발상의 전환이 필요한 시기에 중부무대미술연구 소의 무대미술가이자 한국 화가인 민병구의 무대미술 관련 저서인 《민병구 무대미술》 출판은 한국의 무대미술을 발전적으로 이끌어가는 선도자의 역할을 하는 계기가 될 것이다.

# 민병구가 창작한 무대미술 작품은
# 교과서에도 실려

**박종관**
한국문화예술위원회 위원장

청주시 내수읍의 '중부무대미술연구소'는 때로는 비행기 전투기 소음으로 격렬한 전쟁터 같은 곳이다. 그곳이 무대미술가 민병구의 작업장이다. 그곳에 가면 한때 무대 위에서 당당히 빛을 받았음 직한 대도구 소도구들이 퇴색한 채로 널브러져 있고 일부러 높게 지어진 대문이 큰 작업장 안에는 수성페인트 냄새가 진동하고 칠한 채 마르지 않은 소대들이 벽에 서 있다. 그중에 어떤 것은 비닐 같은 것에 덮여 간이창고에 쌓여 있는 것도 있다. 그러나 이렇게 아무렇게나 함부로 놓인 것 같은 무더기 속에서 단번에 어디에 무엇이 있는지 알아내는 것을 보면 그 안에는 엄연한 규칙성이 있고 어떤 근거와 질서가 있는 것 같다.

작업장 내외에 놓여있는 것들은 하나같이 어느 순간 빛을 받아 무대라는 환상의 공간에서 각각의 의미를 갖고 우뚝 서 있을 존재들이다. 기다리는 것이 이들의 역할이라면 이것을 만드는 사람의 숙명은 따로 있을 것이다. 민병구 명인의 숙소는 작업장 근처에 따로 지어져 있지만, 살림집보다 작업장에 더 오래도록 머물며 도와주는 이 없이 주로 혼자 늦도록 작업을 해낸다.

이미 여러 해 전 풍경인데 돌아보니 어느새 민병구는 우리나라 무대미술의 명인이 되어있고 그가 창작한 무대미술 작품은 교과서에 실리게 되었다. 무엇보다도 짙은 충청도 사투리에 좀처럼 지치지 않는 특유의 뚝심과 믿음을 연극에, 세상에 구축해 놓기도 하였다.
세세히 살펴보니 직접 실물을 본 작품들이 많았다. 그동안의 결과를 사진으로 살펴보는 일임에도 그림을 쉽게 넘기며 보기가 매우 어려웠다. 매 순간순간 시간과 싸움을 하였을 것이며 쪽잠으로 부족한 잠을 보충하며 막이 올라가는 순간을 맞추기 위해 무진 애를 쓴 결과임을 너무 잘 알기 때문이다.

우리나라 근대극의 역사에서 무대장치 역시 무대미술이라는 진화 과정을 거쳤고 작업 잘하는 소문난 분들을 넘어서서 이제는 독자적인 공연예술의 한 갈래를 이루었다. 이제는 이 길이 어떻게 지속하고 더 이어질지 걱정하는 일이 남았다.
돌이켜 보니 민병구 작가에게 진 빚이 많았다. 그 빚이라는 것의 실체는 무대미술의 도움을 받아 작품을 보다 완성도 있게 만들 수 있었던 비슷한 입장을 가진 많은 분이 느낄 그런 종류의 부채감을 의미하는 것이다. 같은 입장의 사람들이 여럿 있으리라 생각한다. 그 빚을 다 갚을 길은 없으나 글이라는 한정된 방법으로라도 아주 조금이나마 갚을 수 있으니 그것은 얼마나 다행인가?

민병구 명인에게는 걸어온 만큼은 너무나도 당연히 얼마간은 더 좋은 작업을 이어가야 할 것이며 무대미술이라는 큰 길이 어떻게 더 이어질지를 걱정해야 하는 일이 그의 일이 될 것이다. 진심으로 무대미술 작품집 발간을 축하하며 더욱 건강한 작업이 이어지기를 기대한다.

# 작화와 제작 두 가지 재능을 다 가진
# 작업복 차림의 '천재 작가'

이 창 구
극단 청년극장 상임연출
전) 극단 신협 대표
전) 청주대학교 연극영화과 교수

연극 자체의 예술성을 분석해볼 때 배우는 하나의 살아있는 현실이다. 이 현실의 물건을 재료로 하여 성립되는 연극으로 하여금 현실과는 독립된 새로운 현실로 바꾸어 놓는 것이 다름 아닌 무대이다.

이렇게 볼 때 연극을 형성하는 두 가지의 요소, 즉 '연기'와 '무대'는 동등한 가치에서 이 양자는 일체를 이루는 것이다. 바꾸어 말하면 이 양자 중 어떤 하나를 소홀히 해도 연극은 성립할 수가 없다. 이렇게 볼 때 연극에서 '무대미술'이 점유하여야 할 위치가 어떤 것인가는 명백해지는 것이다. 다시 말하면 연극에는 연기가 필요한 것과 똑같이 무대가 필요하고, 배우가 연극에 없어서는 안 될 존재이듯이 그것과 똑같을 정도로 무대미술가가 중요한 위치를 차지하고 있다.

가장 귀한 것이 가장 천한 대접을 받는 것이 오늘이 현실이라면 연극이야말로 예외일 수는 없다. 뿐만 아니라 내적·외적의 이유로 이 나라 연극은 오늘날 거의 질식 상태에 놓여 있다. 연극계가 이 지경인데 그 일부가 되는 무대미술은 더할 나위 없다. 그러나 오늘 이 나라 이 지역의 문화면에 있어서 이와 같은 참담한 양상에 대하여 나는 조금도 슬퍼하거나 두려워하지 않는다. 동천에 비쳐오기 시작한 밝은 햇빛을 받으면서 줄기차게 자라나고 있는 수많은 젊은 예술가들이 이 지역엔 있다는 것을 나는 알기 때문이다.

그중 대표적인 인물이 민병구다. 극작가인 고(故) 차범석 선생님의 소개로 민병구를 알게 됐다. 그는 원래 동양화를 공부하는 화가였다. 우연히 연극에 발을 들여 가혹한 현실과 싸우면서 무대미술의 연구와 발전에 심혈을 쏟고 있다. 그는 오늘날 한국이 갖고 있는 우수한 무대미술가 중의 한 사람이다. 그의 작품이 우리나라 수준에서 볼 때 얼마나 높은 발전 과정에 있는가는 《민병구 무대미술》1, 2집을 보면 다시 설명하지 않아도 알 수 있다. 한 시대의 무대미술 방향에 대한 정확한 판단과 그의 진지한 연구 태도는 반드시 앞날의 이 나라, 아니, 이 지역의 연극에 귀중한 플러스를 가져올 것을 믿는 바이다.

장종선 선생은 한국 무대미술의 1세대라 할 수 있다. 그는 아침부터 커다란 지남철을 묶고 제작소를 나보고 끌고 다니라고 했다. 거기에 못이 많이 붙어 있으면 그날은 스태프들 총집합이고 호령이 떨어진다. 2세대가 김정환 선생이다. 그는 파리 유학에서 돌아와 파리의 골목을 모르는 길이 없다. 서구의 무대미술계를 나에게 가르쳐 준 분이다. 3세대가 홍종인 선생이다. 순수한 국내 출신이다. 차분하고 조용한 분이다. 그분의 아들이 나와 친구라서 그분에게서 한국적인 무대장치에 대한 것들을 많이 배웠다.

무대미술은 작화와 제작인데 이 두 가지를 다 가진 작가가 민병구다. 항시 허름한 바지에 손톱엔 항시 먹물을 달고 다닌다. 이제는 전국적으로 잘 알려진 무대미술가의 대열에서 우뚝 서 있다. 앞으로 승승장구하여 한국의 훌륭한 미술가가 되기를 기대한다.

첫 번째 무대미술 책자가 많은 후학들에게 도움이 되리라 믿고 열심히 작업하기를 바란다. 그리고 우리는 이 지역에 이처럼 천재적인 무대미술가를 가진 것을 행복하게 여겨야 할 것이며 연극인은 물론 일반 시민들도 연극, 일반 무대의 문화적 교양을 높이는 데 도움이 될 것을 의심치 않는다.

# '사실주의' '표현주의' 넘나들며
# 능란하게 무대 기법 구사

**정 진 수**
연극연출가, 극단 민중 대표
전) 한국연극협회 이사장

무대미술가 민병구는 '산적두목'이라는 이메일 아이디를 쓰는데 그의 허우대를 본 사람은 그런대로 수긍할 테지만 실제로 그가 해온 일들을 지켜본 사람이라면 무대예술의 '수호천사'라고 부르는 데 별반 이의를 제기하지 않을 것이다. 무대에 미쳐서 장가마저 나이 50줄에 접어든 최근에야 갔을 만큼 그는 천사라기보다는 광인에 가까우리만큼 낮과 밤을 가리지 않고 오로지 무대 만들기에 여념이 없었다.

나 자신은 평생을 연극연출가로 살아왔기 때문에 무대미술에 대해서는 당연히 깊은 관심을 기울이지 않을 수 없으며 많은 무대미술가들과 작업을 해 왔었다. 우리나라에 소위 신극이라고 해서 서양식 연극이 도입된 지도 1세기가 넘지만, 초기의 연극은 걸음마 단계에 불과했고 1960년대 이후 동인제 극단 시절부터 우리 연극이 궤도에 오르기 시작했다.

내가 연극을 시작한 것도 대학 시절이던 그 무렵이었으므로 국내 무대미술가들이라면 대부분 함께 일도 해 보았다. 그중에서도 가장 실력을 인정받았으며 많은 작품 활동을 하셨던 분으로 이미 고인이 되신 장종선, 최연호 선생 등을 꼽을 수 있다. 그런데 이분들은 도련님 스타일이라 무대를 세울 때 직접 망치를 들고 무대 위에 올라가는 경우는 거의 본 적이 없었다. 그런데 민병구는 전형적인 '노가다' 스타일이다. 망치질뿐이던가 무대장치가 극장에 반입되는 날이면 그 무거운 장치물들을 번쩍 들고 무대까지 그 긴 계단을 오르내리기도 한다. 누가 보면 인건비 몇 푼 아끼려는 것처럼 보일 수 있을지 모르지만, 실상은 민병구의 성격상 뭐든지 제 손으로 해야 직성이 풀린다.

워낙 무대에 미친 민병구는 자신을 찾는 사람이 있으면 어디든 달려간다. 지역구보다는 전국구로 소문이 난 만큼 인기가 많으니 지금쯤 떼부자가 되어 있어야 마땅할 터이지만 실제로는 빚더미에나 올라앉아 있지나 않기를 바랄 뿐이다. 무대장치란 인건비를 빼고도 실제로 적잖은 돈이 들어가기 마련인 작업인데 제값 다 지불하는 공연단체는 실상 그리 많지가 않다.

그러면 민병구는 왜 이런 손해 보는 장사를 해 오고 있는 것일까? 인심이 좋아서? 욕심이 없어서? 그렇기도 하겠지만 그보다는 너무 무대를 좋아해서 눈앞에 찾아온 일거리를 차마 걷어차지 못하기 때문이다. 이제 장가도 갔으니 부디 앞으로는 골라서 맡기를 바란다.

끝으로 민병구의 무대미술 스타일상의 특기라면 단연 사실주의(realism) 계열임이 분명하지만 그의 사실주의에는 정감과 온기가 흘러넘친다. 그는 연극뿐 아니라 무용공연의 무대도 수없이 만들어 왔기 때문에 당연히 사실주의를 넘어서 추상적 무대 디자인으로도 영역을 넓혔는데 가령 연극 무대의 경우 극단 뿌리의 〈굿모닝 파파〉나 극단 민예의 〈구몰라 대통령〉 같은 작품들의 무대를 보면 다분히 표현주의(expressionism)적 양식을 능숙하게 소화해 내고 있음을 보여준다. 또한 사실주의적 무대장치들도 진부하고 상투적인 무대가 아니라 대담한 '선택적'인 수정 사실주의(modified realism)의 기법을 능란하게 구사하고 있다.

이제 민병구의 작품 세계도 원숙기에 접어든 만큼 더욱 정진하여 수많은 재능 있는 후학들도 양성하며 우리나라 무대 미술계에서 일가를 이루기를 바라마지 않는다.

# Contents

발간사 04
민병구를 말하다 08

## 1990~1999
품바 극단 상당극회 18
또 하나의 선택 극단 시민극장 20
그 여자의 소설 극단 상당극회 21
누가 누구? 극단 청사 22
검은 드레스 극단 상당극회 23
역마살 충북연극협회 24
깡통 공화국 대전극발전연구회, 극단 시민극장 28
옥수동에 서면 압구정동이 보인다 극단 시민극장 30
영월행 일기 극단 청년극장 32
그것은 목탁구멍 속의 작은 어둠이었습니다 극단 청사 36
산허구리 극단 청년극장 38
산불 극단 청년극장 42

## 2000~2004
아카시아 흰 꽃을 바람에 날리고 극단 청년극장 46
언덕 위에 빨간집 청주시연극협회 48
장기알 청주시, 청주국제공예비엔날레조직위원회 49
천사여 고향을 보라 극단 청년극장 50
그것은 목탁 구멍 속의 작은 어둠이었습니다 극단 청년극장 54
트루 웨스트(True West) 극단 청사 56
꽃마차는 달려간다 청주연극협회 60
달의 안해 극단 청년극장 62
숭어리 샘 배주옥무용단 66

산타친구 개미와 베짱이 청주시립무용단 70
천사여 고향을 보라 청주대학교 연극영화과 72
춤으로 만나는 백설공주 청주시립무용단 74
김승현과 함께하는 '송년특별연주회' 청주시립국악단 78

## 2005~2006
오아시스세탁소 습격사건 극단 셰익스피어 82
꽃마차는 달려간다 극단 앙상블 86
새로운 窓 청주시립국악단 90
뮤지컬 정글북 극단 셰익스피어 92
우리로 서는 소리 극단 새벽 93
가라 극단 KMC 94
천년가약(千年佳約) 최영란무용단 96
아름다운 飛上 청주시립국악단 100
칠산리 극단 청년극장 102
담배 밭(TOBACCO ROAD) 청주대학교 연극영화과 106
그 여자의 소설 극단 떼아뜨르 고도 112
뮤지컬 '7인의 천사' 극단 셰익스피어 114
혈맥(血脈) 극단 청년극장 116
인형의 집 극단 청년극장 120
2006 청주직지축제 청주시, 청주직지축제추진위원회 121
막차 탄 동기동창 극단 앙상블 122
버들피리 극단 천안 124
후궁 박빈 극단 열린문 126

## 2007~2008
산불 극단 앙상블 130
만선 극단 천안 134
한놈 두놈 삑구 타고 극단 비상 136

다라다라 **대전문화예술의전당, 오푸스오페라앙상블오케스트라** 140
아름다운 거리 **극단 앙상블** 146
세월이 가면 **극단 추파** 150
회연(回緣) **극단 늘품** 151
명성일무(鳴聲一巫) **포천시립민속예술단** 154
달의 노래 **청주시립무용단** 158
배비장 **오푸스오페라앙상블오케스트라, 대전예술기획** 164

## 2009~2010

아들과 함께 걷는 길 **김동수컴퍼니** 168
언덕을 넘어서 가자 **극단 빈들** 169
루나자의 춤(Dancing at Lughnasa) **극단 놀자** 170
세상에서 가장 아름다운 이별 **극단 앙상블** 172
할아버지 보물창고 **극단 새벽** 174
가시리 **홍지영 무용단** 178
상자 속 여자 **극단 청예** 180
억새풀 **극단 손수** 184
달집 **극단 은하** 188
헤다 가블러 **러시아 하바롭스크 청년문화예술극장** 192
철조망이 있는 풍경 **극단 선창** 194
조용한 식탁 **극단 뿌리** 196
하루에 **청주시립무용단** 198
사랑을 이루어 드립니다 **극단 사이다** 204
날 보러와요 **극단 앙상블** 206
밤으로의 긴 여로 **목포시립연극단** 210
엄마와 나 그리고 냉장고 **극단 떼아뜨르 고도** 214
홍도야 울지마라! **충북연극협회** 216
밥 **극단 앙상블** 220
결혼한 여자 결혼 안 한 여자 **극단 청예** 222

## 2011~2012

사계 **청주시립무용단** 226
굿모닝 파파 **극단 뿌리** 230
삽다리 블루스 **극단 예촌** 232
회(回) **극단 홍성무대** 236
누가 살던 방 **극단 민예** 240
베로니카 오! 베로니카여 **대전문화예술의전당, 극단 앙상블** 244
나의 마지막 연인 **극단 파, 이야기꽃(주)** 248
마트(MART) **극단 빈들** 252
Q 요리, 그게 뭐지요 **극단 뿌리** 256
수상한 궁녀 **극단 내여페** 260
크리스마스환타지(호두까기 인형) **청주시립무용단** 262
2011년 당진시 승격 기념식 **당진시** 266
별의 전설, 아! 송범 **청주시립무용단** 270
짬뽕 **극단 새벽** 276
불나고 바람 불고 **극단 앙상블** 280
춤향 별꽃의 서 **청주시립무용단** 284
그녀들만 아는 공소시효 **극단 아시랑** 288
대문(大門), 대…문(大問) **성민주무용단** 292
처용 **대전시립무용단** 298
나와 나타샤와 시인 **박시종무용단** 302
메디아(media) **목포시립연극단** 308
가판대 **극단 우리네땅** 314
맹진사댁 경사 **충북연극협회** 318

에필로그 325
작가 연보 326
고마운 분들과 343

무대미술이란 직업은 거칠어 다소 위험스러운 직업이기도 합니다. 미술인의 신분을 벗어나 신의 영감을 받아 이식을 우선으로 일반인과 전문가의 눈높이를 모두 만족시켜야 하는 일입니다. 상상력의 측면에서 거침없는 대담함이 필요하고 도발적으로 분출된 상상력의 결과물을 만인에게 선보이는 일입니다.

**민병구** 저자

# 1990~1999

극단 상당극회

# 품바

| 작 | 김희라 |
|---|---|
| **연출** | 이창구 |
| **공연일** | 1990년 |
| **공연장** | 청주예술의전당 소공연장 외 |

무대 스게치

19

## 극단 시민극장
제17회 청주 시민의 날 축하공연

# 또 하나의 선택

| | |
|---|---|
| **작** | 임승빈 |
| **연출** | 송창화 |
| **공연일** | 1997년 4월 19~28일 |
| **공연장** | 시민극장 |

무대 스케치

# 그 여자의 소설

**작**          엄인희
**연출**      이계준
**공연일**    1997년 5월 16~26일
**공연장**    시민극장

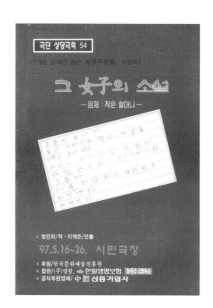

무대 스케치

## 극단 청사

(1997년) 극단 청사 제40회 정기공연

# 누가 누구?

| | |
|---|---|
| **원작** | 까몰레티 |
| **번역** | 정진수 |
| **연출** | 이윤혁 |
| **공연일** | 1997년 8월 |
| **공연장** | 시민극장(충청일보 지하) |

무대 스케치

# 검은 드레스

**작** 김혁수
**각색·연출** 박현진
**공연일** 1997년 11월 1~17일
**공연장** 시민극장

무대 스케치

## 충북연극협회

(1997년) 충북연극협회 연합공연

# 역마살

**작** 　　김창일
**연출** 　정일원
**공연일** 　1997년 10월 14~16일
**공연장** 　청주예술의전당 소공연장

새 스케치

# 깡통 공화국

| | |
|---|---|
| **작** | 박종열 |
| **연출** | 지종해, 송창화 |
| **공연일** | 1998년 6월 18일~19일 |
| **공연장** | 대덕과학문화센터 콘서트홀, 청주예술의전당 대공연장 |

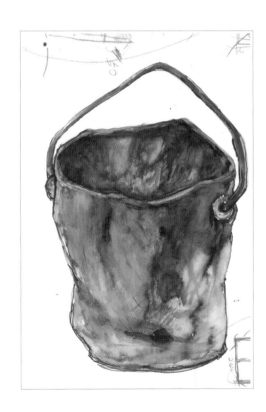

극단 시민극장

1998년 극단 시민극장 정기공연

# 옥수동에 서면
# 압구정동이 보인다

| 작 | 김태수 |
|---|---|
| **연출** | 송창화 |
| **공연일** | 1998년 4월 4~27일 |
| **공연장** | 시민극장(충청일보 지하) |

무대 스케치

극단 청년극장

극단 청년극장 제64회 정기공연

# 영월행 일기

| | |
|---|---|
| **작** | 이강백 |
| **연출** | 우현종 |
| **공연일** | 1999년 |
| **공연장** | 문화공간 너름새 외(순회 공연) |

무대 스케치

극단 청사

극단 청사 제44회 정기공연

# 그것은 목탁구멍 속의
# 작은 어둠이었습니다

| | |
|---|---|
| **작** | 이만희 |
| **연출** | 남상욱 |
| **공연일** | 1999년 5월 14일 |
| **공연장** | 청주예술의전당 대공연장 |
| **후원** | 충청북도, 청주불교방송 |

무대 스케치

극단 청년극장

극단 청년극장 제65회 정기공연

# 산허구리

| | |
|---|---|
| **작** | 함세덕 |
| **연출** | 이창구 |
| **공연일** | 1999년 12월 27~30일 |
| **공연장** | 문화공간 너름새 |

무대 스케치

극단 청년극장

# 산불

**작**        차범석
**연출**     홍진웅
**공연일**    1999년
**공연장**    청주예술의전당 대공연장

민병구는 한평생을 청주 토박이로 살아오고 있는 천생 '촌놈'이다. 신장은 중간 키에, 순박하게 네모난 얼굴에 가무잡잡하게 그을린 피부를 하고 있다. 걸음걸이는 펑퍼짐한 것이, 본인 스스로가 갖다 붙인 '산적두목'이라는 별명이 안성맞춤이다. 그리고 순진무구한 그를 가만히 바라보면 어느새 입가에 엷은 미소를 머금게 되고, 가끔 구수한 충청도 사투리로 내뱉는 유머러스한 말은 폭소를 자아내게 한다.

**노경식** 극작가

# 2000~2004

극단 청년극장

극단 청년극장 제73회 정기공연

# 아카시아 흰 꽃을 바람에 날리고

**작**　　　이근삼
**연출**　　강민구
**공연일**　2000년 10월 27일~11월 5일
**공연장**　문화공간 너름새

청주시연극협회

2001년 전국연극제 in 제주 은상(제주도 도지사상) 수상작 (정인숙 연기상)

# 언덕 위에 빨간집

| | |
|---|---|
| **작** | 신명순 |
| **연출** | 이창구 |
| **공연일** | 2001년 4월 12일 |
| **공연장** | 청주예술의전당 대공연장 , 제주문예회관 외 |

# 장기알

| | |
|---|---|
| **공연일** | 2001년 10월 5~21일 |
| **공연장** | 청주예술의전당 야외 일원 |

극단 청년극장

2001년 극단 청년극장 제77회 이창구 교수님 회갑기념 공연

# 천사여 고향을 보라

| **작** | 토마스 울프 |
| --- | --- |
| **연출** | 이창구 |
| **조명** | 윤광덕 |
| **공연일** | 서울: 2001년 10월 16~17일 |
| | 청주: 2001년 11월 3~4일 |
| **공연장** | 서울: 국립극장 달오름극장 |
| | 청주: 청주예술의전당 대공연장 |

미니어처

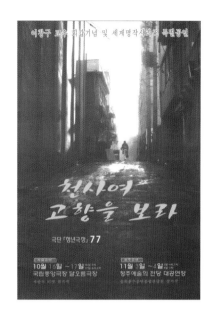

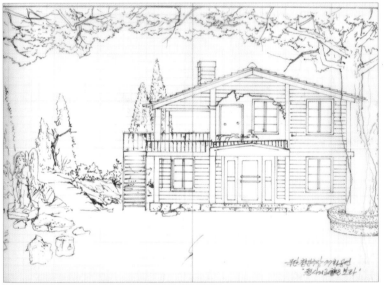

무대 스케치

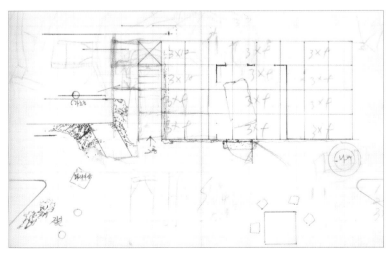

무대 평면도

극단 청년극장

극단 청년극장 제78회 정기공연

# 그것은 목탁 구멍 속의 작은 어둠이었습니다

| | |
|---|---|
| **작** | 이만희 |
| **연출** | 홍진웅 |
| **조명** | 김태섭 |
| **공연일** | 2001년 11월 21일~12월 10일 |
| **공연장** | 문화공간 너름새 외 충청북도 일원(순회 공연) |

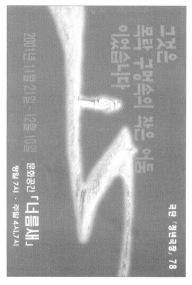

극단 청사

극단 청사 51회 정기공연 "트루 웨스트 True West"

# 트루 웨스트 True West

| | |
|---|---|
| **작** | 샘 쉐퍼드 sam shepard |
| **연출** | 강민구 |
| **조명** | 김태섭 |
| **공연일** | 2002년 3월 29일~4월 28일 |
| **공연장** | 문화공간 너름새 |

무대 스케치

2002 청주연극협회 우수연극 연합공연

# 꽃마차는 달려간다

| | |
|---|---|
| **작** | 김태수 |
| **연출** | 박천하 |
| **조명** | 김태섭 |
| **공연일** | 2002년 5월 18~25일 |
| **공연장** | 문화공간 너름새 |

## 극단 청년극장

2003년 제23회 충청남도 공주 전국연극제 장려상(한국연극협회 이사장상) 수상작

# 달의 안해

| | |
|---|---|
| **작** | 이산 |
| **연출** | 강민구 |
| **조명** | 윤광덕 |
| **공연일** | 2003년 6월 |
| **공연장** | 공주문예회관 대극장, 단양문화예술회관 외 |

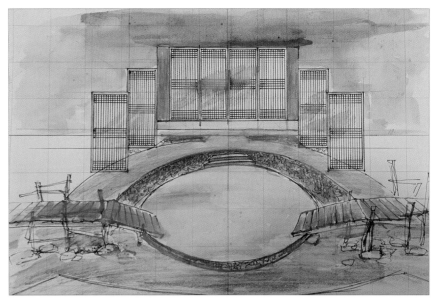

무대 스케치

배주옥무용단

# 숭어리 샘

**안무**    배주옥
**조명**    김태섭
**공연일**   2003년 9월 22일
**공연장**   인천종합문화예술회관 대극장

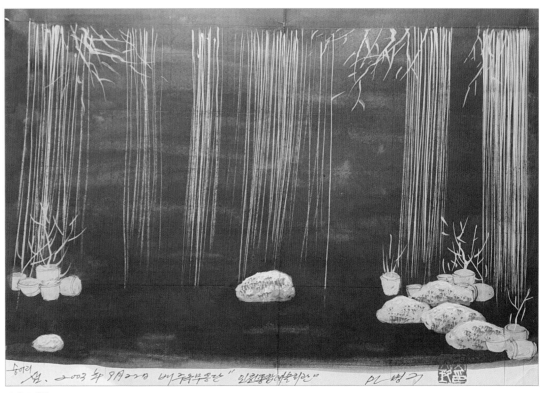

무대 스케치

청주시립무용단

2003년 청주시립무용단 연말특별공연

# IV,Oh! 산타
# 산타친구 개미와 베짱이

| **안무** | 박향남 |
| --- | --- |
| **조명** | 김태섭 |
| **공연일** | 2003년 12월 9일 |
| **공연장** | 청주예술의전당 소공연장 |

**사진 제공** | 청주시립무용단

**청주대학교 연극영화과**

청주대학교 연극영화과 제142회 정기공연

# 천사여 고향을 보라

| | |
|---|---|
| **작** | 토마스 울프 |
| **연출** | 공동연출 |
| **공연일** | 2003년 |
| **공연장** | 청주대학교 예술대학 소극장 |

2004년 청주시립무용단 테마기획공연 '동화 속으로의 여행'

# 춤으로 만나는 백설공주

**안무**      강민호, 지연정
**조명**      김태섭
**공연일**    2004년 5월 7일
**공연장**    청주예술의전당 소공연장

사진 제공 | 청주시립무용단

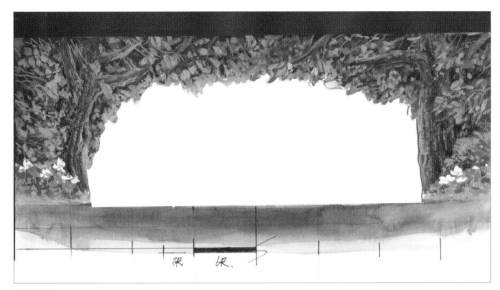

무대 배경막

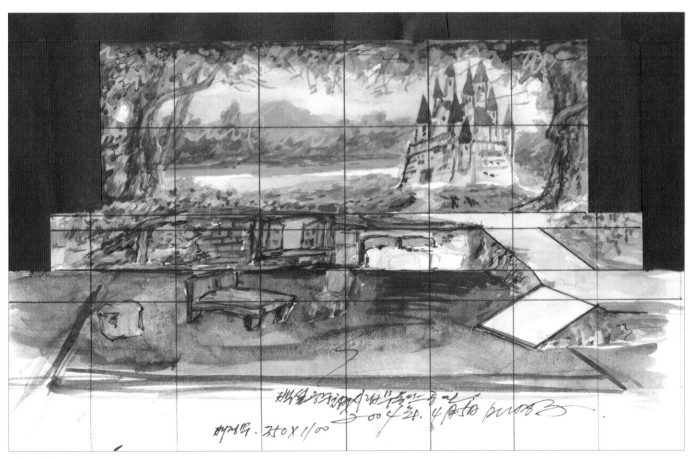

무대 스케치

청주시립국악단

2004년 청주시립국악단 송년 특별연주회

# 김승현과 함께하는
# '송년특별연주회'

| | |
|---|---|
| **연주** | 청주시립국악단 |
| **지휘** | 한석 |
| **공연일** | 2004년 12월 23일 |
| **공연장** | 청주예술의전당 대공연장 |

사진 제공 | 청주시립국악단

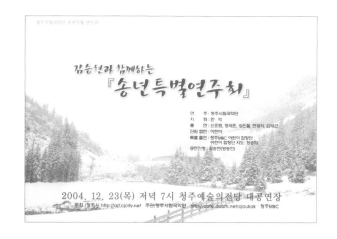

하나의 공연이 만들어지기까지는 실로 많은 과정을 거치게 되지요. 음악, 안무, 의상, 조명, 그리고 무대장치 등 다양한 예술이 혼용되어 하나의 작품이 만들어집니다. 적절한 무대 배치는 배우들의 동선과 연극의 흐름을 자연스럽게 연결해주고 관객에게는 시각적인 환경을 마련해주는 중요한 역할을 합니다. 로버트 에드먼드 존스는 "배우는 무대장치를 배경으로 하여 연기하는 것이 아니라 무대장치 속에서 연기한다"라며 무대예술의 중요성을 강조한 바 있습니다.

**박계배**
호원대학교 예술대학장, 전) 한국예술인복지재단 대표이사, 전) 한국연극협회 이사장

# 2005~2006

극단 셰익스피어
2005년 극단 셰익스피어 정기공연

# 오아시스세탁소 습격사건

**작**　　김정숙
**연출**　복영한
**조명**　윤진영
**공연일**　2005년 3월 25일~5월 21일
**공연장**　세이아트홀, 대전예술의전당 앙상블홀 외

무대 스케치

극단 앙상블

2005년 대전문화예술의전당 기획, 극단 앙상블 초청공연

# 꽃마차는 달려간다

**작**　　김태수
**연출**　진규태
**조명**　윤진영
**공연일**　2005년 4월 22~24일
**공연장**　대전문화예술의전당 앙상블 홀

무대 스케치

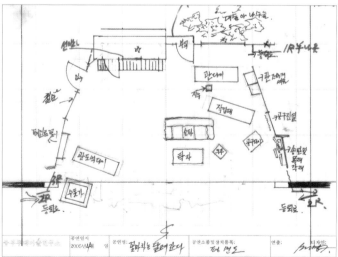

무대 평면도

청주시립국악단 제29회 정기연주회

# 새로운 窓

| | |
|---|---|
| **집박** | 서한범 |
| **지휘** | 이경희, 한석 |
| **해설** | 임규호 |
| **판소리** | 상금주 |
| **대피리** | 이상준 |
| **얼후** | 송연선 |
| **모듬북** | 이경섭 |
| **공연일** | 2005년 5월 11일 |
| **공연장** | 청주예술의전당 대공연장 |

**사진 제공 | 청주시립국악단**

극단 셰익스피어
극단 셰익스피어 가족뮤지컬

# 뮤지컬 정글북

**연출** 복영한
**조명** 윤진영
**공연일** 2005년 8월 15~31일
**공연장** 우송예술회관

2005년 극단 새벽 역사뮤지컬
국가보훈처-대전지방보훈청과 함께하는 광복 60주년 기념공연

# 우리로 서는 소리

| | |
|---|---|
| **작가** | 김정숙 |
| **연출** | 한선덕 |
| **조명** | 윤진영 |
| **공연일** | 2005년 9월 9일~11일 |
| **공연장** | 대전연정국악문화회관 대극장(구 시민회관) |

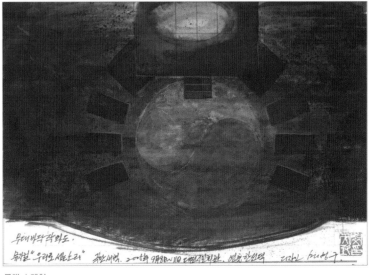

무대 스케치

극단 KMC

2005년 극단 KMC 특별기획공연

# 가라

**작·연출**  박팔영
**공연일**  2005년 9월 8일~12월 11일
**공연장**  까망소극장

무대 스케치

**최영란무용단**

2005년 제14회 제주도 전국무용제 금상(문화관광부 장관상) 수상작
최영란(안무상), 전정환(연기상)

# 천년가약 千年佳約

| | |
|---|---|
| **작·연출** | 홍원기 |
| **조명** | 김태섭 |
| **안무** | 최영란 |
| **공연일** | 2005년 9월 11일 |
| **공연장** | 제주문예회관 대극장 |

무대 스케치

청주시립국악단

2005년 청주시립국악단 정기공연

# 아름다운 飛上

| | |
|---|---|
| **지휘** | 한석 |
| **작곡** | 이경섭 |
| **소리** | 김용우 |
| **공연일** | 2005년 11월 24일 |
| **공연장** | 청주예술의전당 대공연장 |

사진 제공 | 청주시립국악단

극단 청년극장

2005년 제23회 대전광역시 전국연극제 참가작
민병구(무대 예술상), 이미영(특별상)

# 칠산리

| | |
|---|---|
| **작** | 이강백 |
| **연출** | 강민구 |
| **조명** | 김태섭 |
| **공연일** | 2005년 5월 28일 |
| **공연장** | 대전문화예술의전당 앙상블홀 |

사진 제공 | 충북문화재단 최영갑

무대 스케치

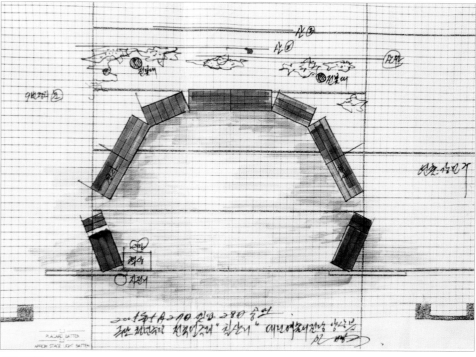

무대 평면도

청주대학교 연극영화과
이창구 교수 정년기념 헌정 공연

# 담배 밭 TOBACCO ROAD

| | |
|---|---|
| **작** | 어스킨 콜드웰 |
| **각색** | 잭 크랜드 |
| **연출** | 이창구 |
| **조명** | 김태섭 |
| **공연일** | 2006년 2월 23~26일 |
| **공연장** | 정동극장 |

무대 배경막

무대 스케치

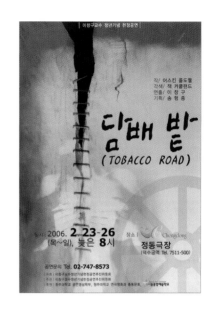

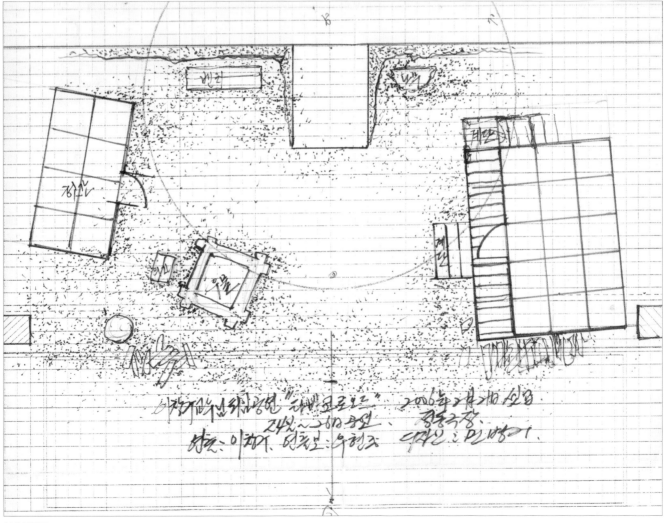

무대 평면도

극단 떼아뜨르 고도

2006년 경기도(수원) 전국연극제 참가작
이영숙(연기상)

# 그 여자의 소설

| 작 | 엄인희 |
|---|---|
| 연출 | 권영국 |
| 조명 | 윤진영 |
| 공연일 | 2006년 3월 4일 |
| 공연장 | 대전문화예술의전당 앙상블홀 외 |

무대 스케치

극단 셰익스피어

극단 셰익스피어 대전문화예술의전당 기획공연

## 뮤지컬
# 7인의 천사

부제: 내 삶의 일상에 숨은 천사를 찾는다

| | |
|---|---|
| **작** | 김정숙 |
| **연출** | 복영한 |
| **조명** | 윤진영 |
| **공연일** | 2006년 3월 27~29일 |
| **공연장** | 대전문화예술의전당 앙상블홀 |

사진 제공 | 극단 셰익스피어 복영한

무대 스케치

극단 청년극장

극단 청년극장 제105회 정기공연

# 혈맥 血脈

| | |
|---|---|
| **작** | 김영수 |
| **연출** | 박종보 |
| **조명** | 김태섭 |
| **공연일** | 2006년 5월 2~3일 |
| **공연장** | 청주시민회관, 제천문화회관 |

무대 스케치

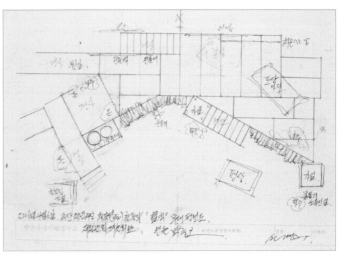

무대 평면도

## 극단 청년극장

극단 청년극장 제106회 정기공연, 헨릭 입센 사후 100주년 기념공연,
충북 좋은공연 종합관람권 선정작

# 인형의 집

| | |
|---|---|
| **작** | 헨릭 입센 |
| **연출** | 홍재범 |
| **기획** | 이미영 |
| **공연일** | 2006년 5월 18~28일 |
| **공연장** | 문화공간 너름새 |

무대 스케치

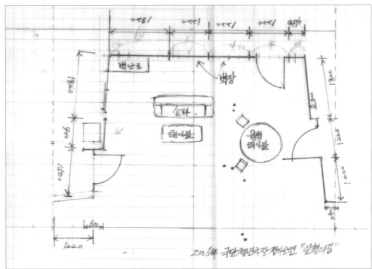

무대 평면도

# 2006 청주직지축제

**공연일**  2006년 9월 4일
**공연장**  청주예술의전당

사진 제공 | 청주시

무대 스케치

극단 앙상블

극단 앙상블 제71회 정기공연

# 막차 탄 동기동창

**작**      이근삼
**연출**   유치벽
**조명**   윤진영
**공연일**  2006년 6월 16~17일
**공연장**  대전연정국악문화회관

무대 스케치

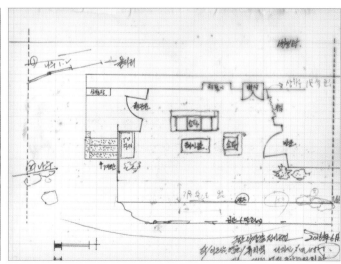

무대 평면도

극단 천안

# 버들피리

## 민촌 이기영의 삶과 문학 극화

| | |
|---|---|
| **작** | 최송림 |
| **연출** | 유중렬 |
| **공연일** | 2006년 6월 18일 |
| **공연장** | 천안시청 봉서홀 |

**사진 제공 | 남상호**

무대 스케치

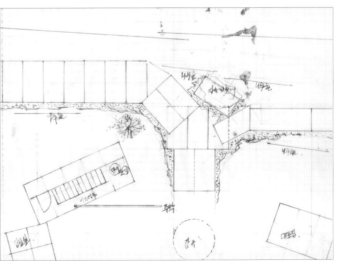

무대 평면도

2006년 극단 열린문 정기공연

# 후궁 박빈

| | |
|---|---|
| **작·연출** | 한윤섭 |
| **조명** | 정태민 |
| **공연일** | 김동수플레이하우스 |
| **공연장** | 2006년 9월 23일~11월 19일 |

사진 제공 | 극단 에이치프로젝트 한윤섭

연극을 형성하는 두 가지의 요소, 즉 '연기'와 '무대'는 동등한 가치에서 이 양자는 일체를 이루는 것이다. 바꾸어 말하면 이 양자 중 어떤 하나를 소홀히 해도 연극은 성립할 수가 없다. 이렇게 볼 때 연극에서 '무대미술'이 점유하여야 할 위치가 어떤 것인가는 명백해지는 것이다. 다시 말하면 연극에는 연기가 필요한 것과 똑같이 무대가 필요하고, 배우가 연극에 없어서는 안 될 존재이듯이 그것과 똑같을 정도로 무대미술가가 중요한 위치를 차지하고 있다.

**이창구**
극단 청년극장 상임연출, 전) 청주대학교 연극영화과 교수

2007~2008

극단 앙상블

2007년 제25회 경상남도·거제도 전국연극제 금상(문화관광부 장관상) 수상작

# 산불

| | |
|---|---|
| **작** | 차범석 |
| **연출** | 이종국 |
| **조명** | 윤진영 |
| **공연일** | 2007년 6월 23~25일 |
| **공연장** | 대전문화예술의전당 아트홀, 대전시민회관, 거제도문화예술회관 |

무대 스케치

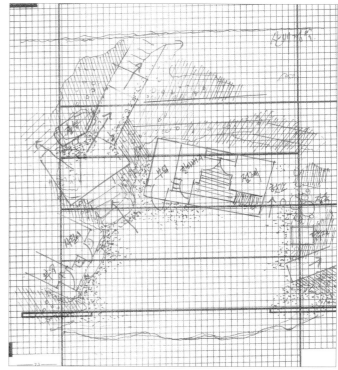

무대 평면도

133

극단 천안

2007년 제25회 경상남도·거제도 전국연극제 은상(경상남도 도지사상) 수상작
채필병(연출상), 김수민(최우수연기상)

# 만선

| | |
|---|---|
| **작** | 천승세 |
| **연출** | 채필병 |
| **조명** | 정진덕 |
| **공연일** | 2007년 4월 9일 |
| **공연장** | 거제도문화회관, 천안시청 봉서홀, 당진문화예술의전당 |

사진 제공 | 남상호

무대 스케치

극단 비상

# 한놈 두놈 뻑구 타고

**작** 이만희
**연출** 이창구
**조명** 김태섭
**공연일** 2008년 1월 17~27일
**공연장** 낙산 씨어터

무대 스케치

## 대전문화예술의전당, 오푸스오페라앙상블오케스트라

2008년 스프링 페스티벌 우수작품공모 선정작품

# 오페레타 다라다라 Dara Dara

| | |
|---|---|
| **작** | 김균태 |
| **연출** | 송전 |
| **안무** | 한상근 |
| **공연일** | 2008년 4월 15일 |
| **공연장** | 대전문화예술의전당 앙상블홀 |

무대 스케치

극단 앙상블

# 아름다운 거리

| | |
|---|---|
| **작** | 이만희 |
| **연출** | 송전 |
| **조명** | 윤진영 |
| **분장** | 김소영 |
| **공연일** | 2008년 4월 19~20일 |
| **공연장** | 대전예술의전당 앙상블홀 |

무대 스케치

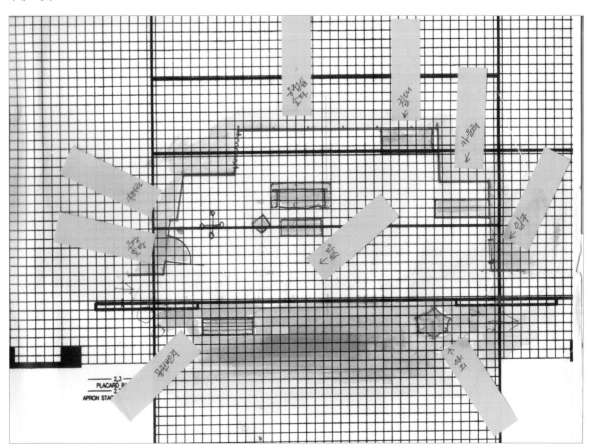

무대 평면도

극단 추파

2008 혜화동 1번지 4기동인 페스티벌

# 세월이 가면

## 명동야화

**작·연출**　우현종
**공연일**　2008년 4월 9~20일
**공연장**　대학로 혜화동 1번지 소극장

무대 스케치

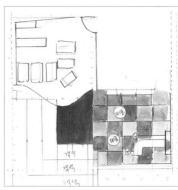

무대 평면도

2008년 극단 늘품 우수연극 공연
2008년 제26회 인천광역시 전국연극제 은상(인천광역시의회 의장상) 수상작

# 회연 回緣

## 부제: 잊혀진 귀향의 소리 '청주아리랑'

| | |
|---|---|
| **작** | 천은영 |
| **연출** | 안진상 |
| **조명** | 김태섭 |
| **공연일** | 2008년 7월 5일 |
| **공연장** | 청주시민회관, 인천종합문화회관 |

무대 스케치

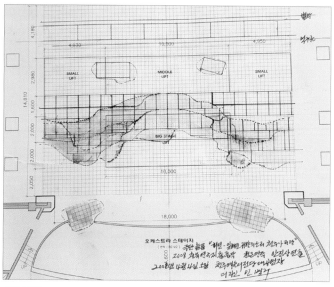

무대 평면도

2008년 포천시립민속예술단 정기공연

# 명성일무 鳴聲一巫

| | |
|---|---|
| **대본** | 전연순 |
| **연출·안무** | 김한덕 |
| **음악** | 정석동 |
| **조명** | 김태섭 |
| **공연일** | 2008년 9월 24일 |
| **공연장** | 포천반월아트홀 대극장 |

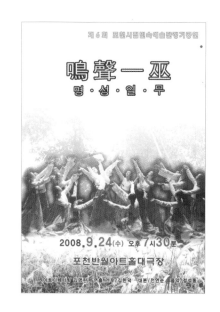

2008년 청주시립무용단 제24회 정기공연

# 달의 노래

| | |
|---|---|
| **대본** | 김효정, 원일 |
| **연출** | 원일 |
| **작곡·선곡** | 원일 |
| **안무** | 박시종 |
| **조명** | 이상봉 |
| **의상** | 명재임 |
| **영상디자인** | 김재민 |
| **분장** | 오세금 |
| **공연일** | 2008년 11월 14일 |
| **공연장** | 청주예술의전당 대공연장 |

사진 제공 | 이도희

무대 스케치

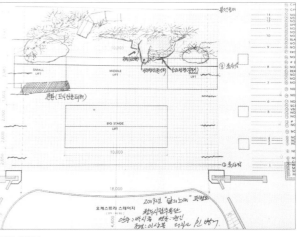

무대 평면도

## 오푸스오페라앙상블오케스트라, 대전예술기획

2008년 창작오페라

# 배비장

| | |
|---|---|
| **대본·작사** | 김균태 |
| **작곡** | 채경화 |
| **예술감독** | 송전 |
| **연출** | 송전 |
| **공동편곡** | 채경화, 홍승기, 김민경 |
| **안무** | 한상근 |
| **조명** | 윤진영 |
| **공연일** | 2008년 12월 10일 |
| **공연장** | 대전문화예술의전당 앙상블홀 |

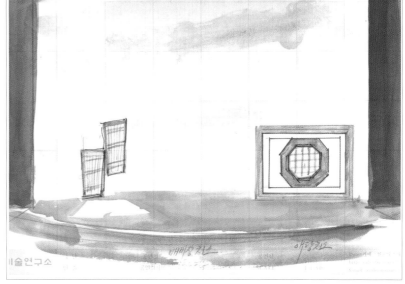

무대 스케치

많은 사람들이 현대는 정보화 사회라고 하며, 미래는 지식기반사회로 발전할 것이라고 예상한다. 미래의 지식기반사회는 문화력이 사회 발전의 근본 동력으로 작용할 것이다. 미래의 생산은 예술 쪽으로 변해갈 것이다. 미래의 예술 공연은 문화력을 기반으로 한 대표적인 미래 산업으로 손꼽히고 있다. 이러한 공연을 위해 새로운 무대의 개념과 창의적인 발상의 전환이 필요한 시기다.

**박정기** 극작가

# 2009~2010

김동수컴퍼니

# 아들과 함께 걷는 길

**작** 이순원
**극본** 이상훈
**연출** 김동수
**공연일** 2009년 2월 6일~3월 1일
**공연장** 김동수플레이하우스

무대 스케치

# 언덕을 넘어서 가자

**작**       이만희
**연출**    유치벽
**공연일**  2009년 10월 8일 오후 6시
**공연장**  대전대학교 혜화문화관 블랙박스 외

무대 스케치

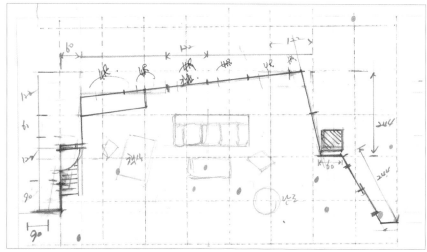

무대 평면도

극단 놀자

# 루나자의 춤 Dancing at Lughnasa

| | |
|---|---|
| **원작** | 브라이언 프리엘 |
| **번역** | 한명희 |
| **연출** | 송선호 |
| **공연일** | 2009년 4월 7~8일 |
| **공연장** | 대전문화예술의전당 앙상블홀 외 |

무대 스케치

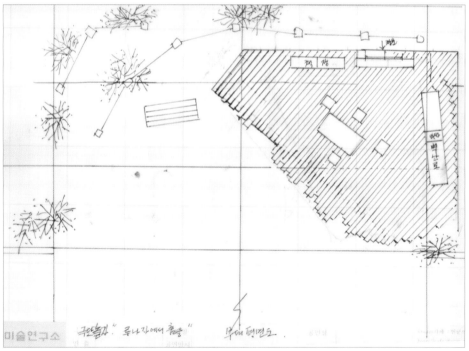

무대 평면도

극단 앙상블
(2009년) 제4회 대전시민연극축전 참가작

# 세상에서 가장 아름다운 이별

| | |
|---|---|
| **작** | 노희경 |
| **연출** | 이종국 |
| **조명** | 윤진영 |
| **공연일** | 2009년 5월 16~18일 |
| **공연장** | 대전연정국악문화회관 대극장 |

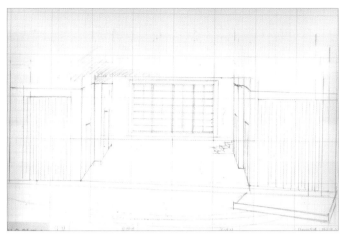

무대 스케치

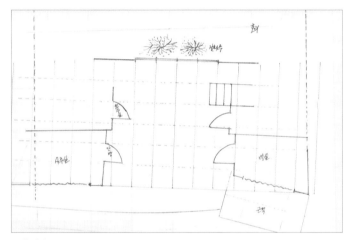

무대 평면도

극단 새벽

가족뮤지컬

# 할아버지 보물창고

| | |
|---|---|
| **작** | 위기훈 |
| **연출** | 한선덕 |
| **조명** | 윤진영 |
| **공연일** | 2009년 9월 19~20일 |
| **공연장** | 대전문화예술의전당 앙상블홀 |

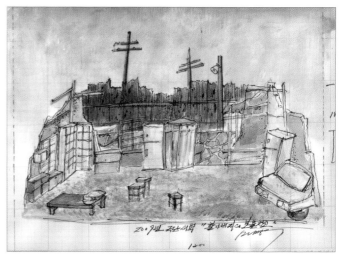

무대 스케치

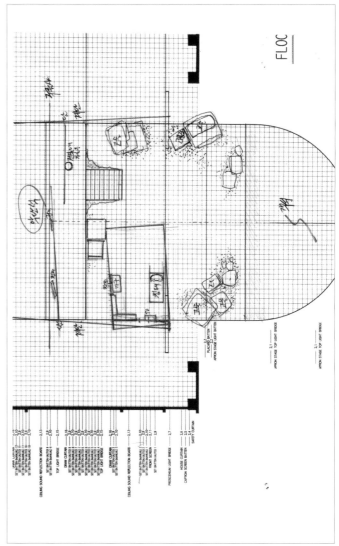

무대 평면도

## 홍지영 무용단

2009년 홍지영 무용단-전국무용제 은상 수상작
2009년 제18회 경상남도, 김해전국무용제 은상(경남도지사상) 수상작, 홍지영(연기상)

# 가시리

| | |
|---|---|
| **대본** | 이선미 |
| **안무·구성** | 홍지영 |
| **공연일** | 2009년 9월 22일 |
| **공연장** | 충북학생문화원, 김해문화예술회관 외 |

사진 제공 | 홍지영

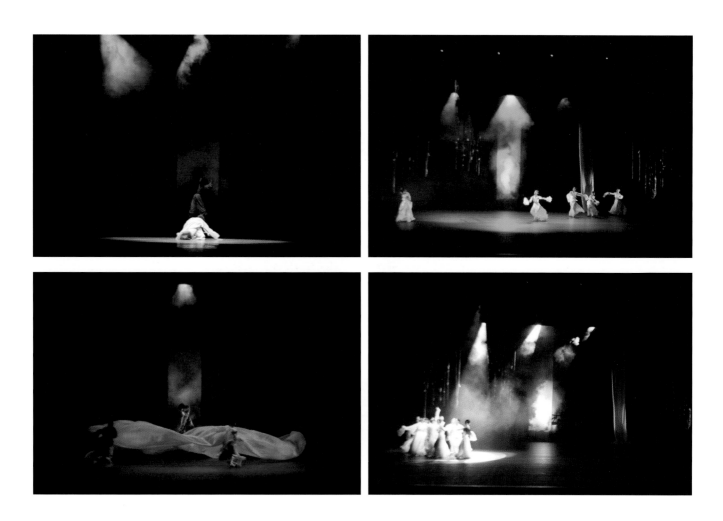

무대 스케치

극단 청예

# 상자 속 여자

| | |
|---|---|
| **작** | 김윤미 |
| **연출** | 표원섭 |
| **조명** | 남종우 |
| **공연일** | 2009년 10월 17~24일 |
| **공연장** | 삼일로 창고극장 |

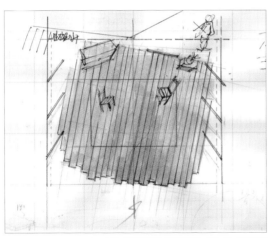

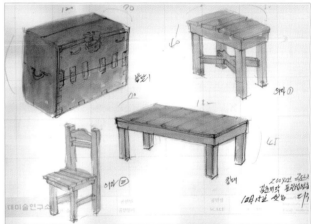

무대 스케치, 무대 평면도

극단 손수

# 억새풀

| | |
|---|---|
| **작** | 주혁준 |
| **연출** | 서재화 |
| **공연일** | 2010년 3월 19일~4월 10일 |
| **공연장** | 드림아트홀, 대전시민회관 |

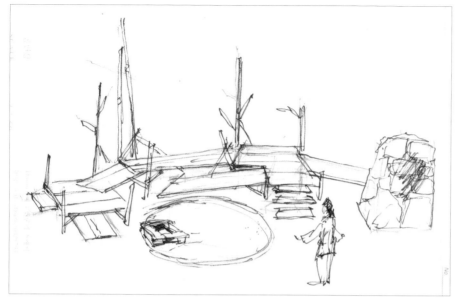

무대 스케치

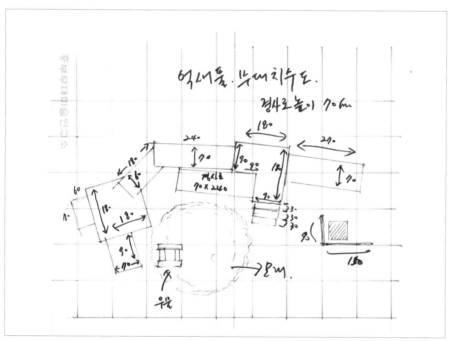

무대 평면도

극단 은하

# 달집

**작**　　노경식
**연출**　　백진기
**조명**　　송훈상
**공연일**　2010년 4월 19일
**공연장**　포항효자아트홀, 원주 백운아트홀

무대 스케치

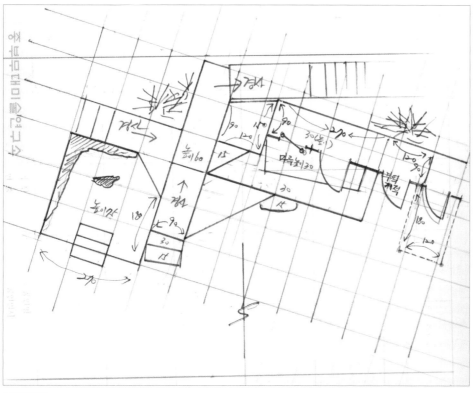

무대 평면도

러시아 하바롭스크 청년문화예술극장

2010년 대학로예술극장 개관 기념 공연, 2010년 부산 전국연극제 축하공연,
러시아 하바롭스크 청년문화예술극장 초청공연

# 헤다 가블러

**원작**    헨릭 입센
**각색·연출**    따찌아나 바블로바
**공연일·공연장**
    서울공연: 2010년 6월 4일(대학로예술극장소극장)
    부산공연: 2010년 6월 17일(부산시민회관 소극장)

무대 스케치

극단 선창

# 철조망이 있는 풍경

**작**　　노경식
**연출**　강대흠
**공연일**　2010년 6월 13일
**공연장**　목포문화예술회관, 부산시민회관

무대 스케치

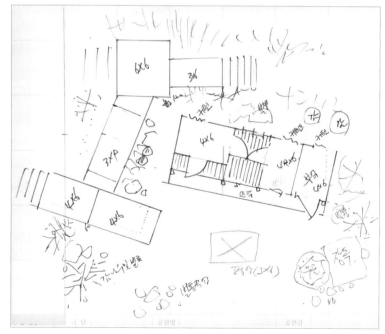

무대 평면도

극단 뿌리

# 조용한 식탁

**작**　　한윤섭
**연출**　　김도훈
**조명**　　정태민
**공연일**　2010년 7월 6일~8월 1일
**공연장**　혜화동 1번지, 아르코예술극장

무대 스케치

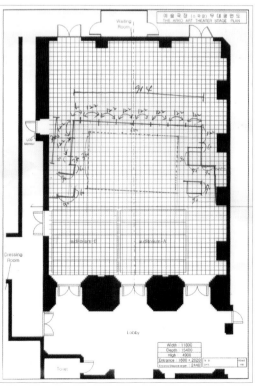

무대 평면도

## 청주시립무용단

2010년 청주시립무용단 제40회 정기공연

# 하루에

| | |
|---|---|
| **작·안무** | 박시종 |
| **조명** | 원동규 |
| **음악** | 바람곶 원일 |
| **의상** | 신근철 |
| **공연일** | 2010년 7월 8일 |
| **공연장** | 청주예술의전당 대공연장 |

사진 제공 | 이도희

무대 스케치

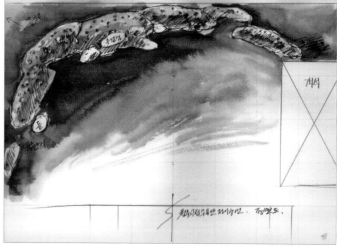

무대 평면도

## 극단 사이다

2010년 창작 뮤지컬〈사.이.다〉

# 사랑을 이루어 드립니다

**작·연출**   이원준
**작곡**   허수현
**안무**   이승우
**공연일**   2010년 7월 20일~9월 19일 외(전국 순회 공연)
**공연장**   구로 상상나눔 시어터(나인스 에비뉴 지하 1층)

사무실.

공원.

부재장.

주령(침실장)

레스토랑

공항

회변

무대 스케치

극단 앙상블

2010년 극단 앙상블 정기공연

# 날 보러와요

**작** 김광림
**연출** 이종국
**조명** 윤진영
**공연일** 2010년 7월 29일~8월 29일
**공연장** 대전가톨릭문화회관 아트홀

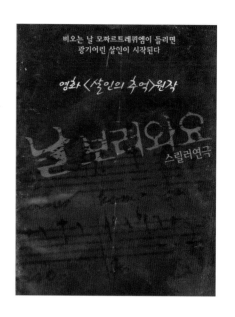

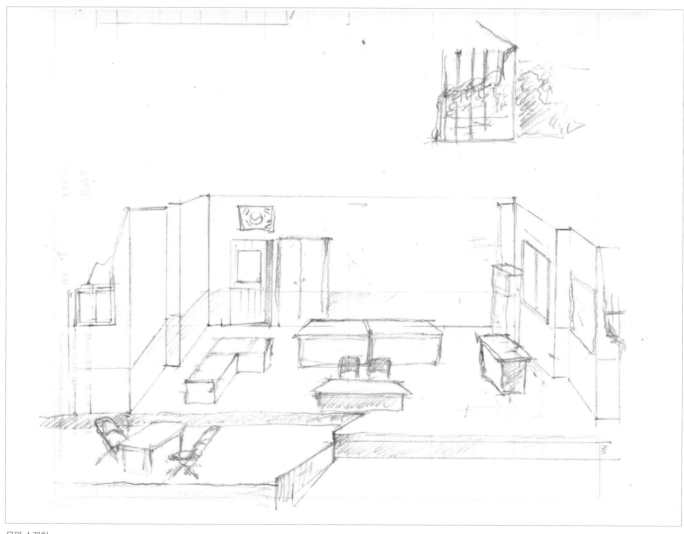

무대 스케치

목포시립연극단

2010년 목포시립연극단 정기공연

# 밤으로의 긴 여로

| | |
|---|---|
| **작** | 유진 오닐 |
| **번역** | 민승남 |
| **연출** | 김성옥 |
| **조명** | 김진영 |
| **공연일** | 2010년 10월 2~3일 |
| **공연장** | 목포문화예술회관 |

무대 스케치

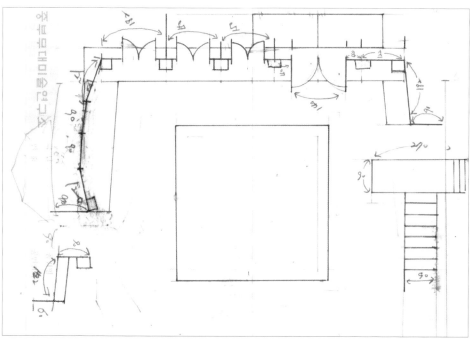

무대 평면도

극단 떼아뜨르 고도

# 엄마와 나 그리고 냉장고

| | |
|---|---|
| **작** | 엘리스 카이퍼즈 |
| **연출** | 권영국 |
| **조명** | 윤진영 |
| **공연일** | 2010년 10월 8일~11월 7일 |
| **공연장** | 소극장 고도 |

사진 제공 | 극단 떼아뜨르 고도 권영국

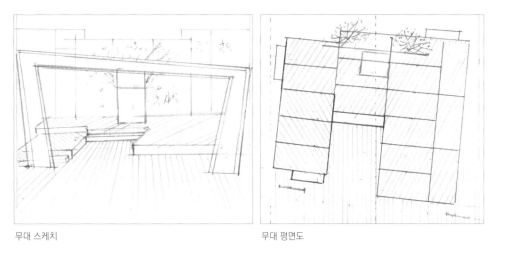

무대 스케치

무대 평면도

충북연극협회

2010년 충북연극협회 '제2회 충청북도 공연예술창작지원사업'

# 신파악극
# 홍도야 울지마라!

**작**      김상열
**연출**      이창구
**조명**      김태섭
**공연일**      2010년 11월 26일~12월 22일
**공연장**      단양 외(순회 공연)

무대 스케치

219

2010년 극단 앙상블 정기공연

# 밥

| | |
|---|---|
| **작** | 김나영 |
| **연출** | 이종국 |
| **조명** | 윤진영 |
| **공연일** | 2010년 12월 2~16일 |
| **공연장** | 부산시민회관, 연정국악문화회관, 중구문화원 뿌리홀 |

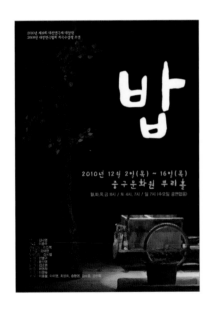

무대 스케치

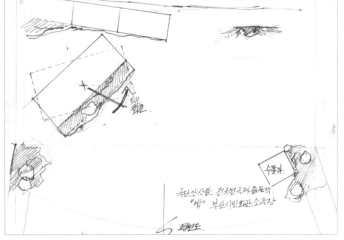

무대 평면도

221

극단 청예

# 결혼한 여자 결혼 안 한 여자

**작**         김윤미
**연출**     표원섭
**조연출**   한정수
**공연일**    2010년 12월
**공연장**    Theatre-J 극장

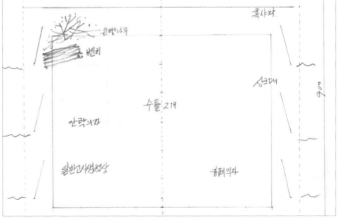

무대 스케치

무대 평면도

우리나라 근대극의 역사에서 무대장치 역시 무대미술이라는 진화 과정을 거쳤고 작업 잘하는 소문난 분들을 넘어서서 이제는 독자적인 공연예술의 한 갈래를 이루었다. 이제는 이 길이 어떻게 지속하고 더 이어질지 걱정하는 일이 남았다. 이처럼 무대미술이라는 큰 길이 어떻게 더 이어질지를 걱정하는 일 또한 민병구 명인의 일이 될 것이다. 진심으로 무대미술 작품집 발간을 축하하며 더욱 건강한 작업이 이어지기를 기대한다.

**박종관** 한국문화예술위원회 위원장

**2011~2012**

## 청주시립무용단

청주시립무용단과 음악그룹 바람곳이 함께하는 춤이 있는 풍경 season2 '사계(四季)'

# 움직임과 소리를 통한 자연의 공명! 사계

| | |
|---|---|
| **예술감독** | 박시종 |
| **안무보** | 강민호 |
| **무대감독** | 고용한 |
| **조명디자인** | 원동규 |
| **의상디자인** | 신근철,김윤아 |
| **음악** | 바람곳 원일 |
| **기록사진** | 이도희 |
| **서체** | 민병구 |
| **공연일** | 2011년 3월 3일 |
| **공연장** | 청주예술의전당 대공연장 |

사진 제공 | 이도희

극단 뿌리

# 굿모닝 파파

**작·연출**　　한윤섭
**예술감독**　　김도훈
**조명**　　　　정태민
**공연일**　　　2011년 4월 26일~5월 8일
**공연장**　　　알과핵 소극장

무대 스케치

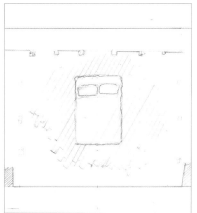

무대 평면도

극단 예촌

# 삽다리 블루스

| | |
|---|---|
| **작** | 최송림 |
| **연출** | 주선홍 |
| **공연일** | 2011년 4월 30일 |
| **공연장** | 충남아산국민생활관 |

무대 스케치

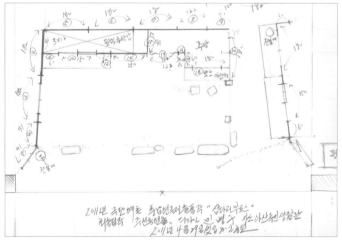

무대 평면도

## 극단 홍성무대

2011년 제29회 강원도 원주 전국연극제 은상(한국연극협회 이사장상) 수상작

# 회 回

| | |
|---|---|
| **작** | 전인섭 |
| **연출** | 전인섭 |
| **공연일** | 2011년 6월 12일 |
| **공연장** | 치악예술관, 아산국민생활관 |

무대 스케치

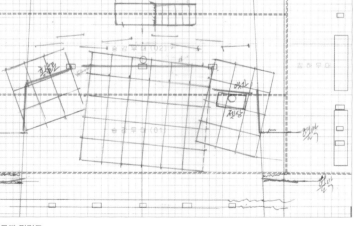

무대 평면도

극단 민예

# 누가 살던 방

**작**      김나정
**연출**    김성환
**조명**    이재호
**공연일**   2011년 7월 1~10일
**공연장**   아리랑아트홀, 한성아트홀

무대 스케치

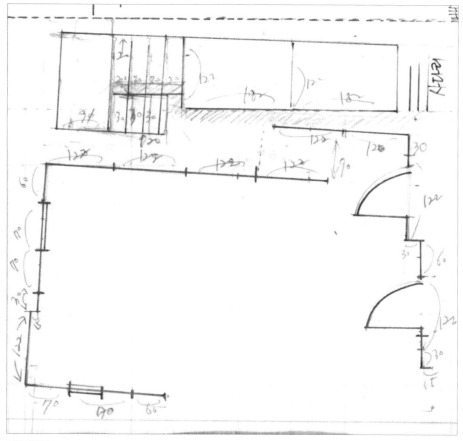

무대 평면도

대전문화예술의전당, 극단 앙상블

2011년 대전공연예술 공모사업 선정작품

# 베로니카 오! 베로니카여

| | |
|---|---|
| **작** | 윤교환 |
| **연출** | 이종국 |
| **조명** | 윤진영 |
| **공연일** | 2011년 7월 15~16일 |
| **공연장** | 대전문화예술의전당 앙상블홀 |

무대 스케치

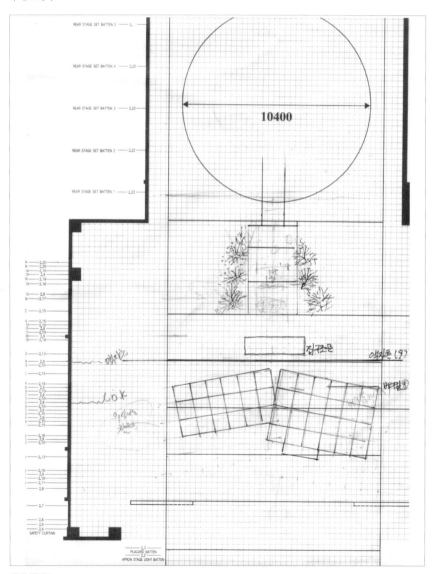

무대 평면도

극단 파, 이야기꽃(주)

# 나의 마지막 연인

**극작** 김민영
**연출** 김영순
**조명** 신성환
**음악** 하림
**공연일** 2011년 8월 11~18일
**공연장** 알과핵 소극장

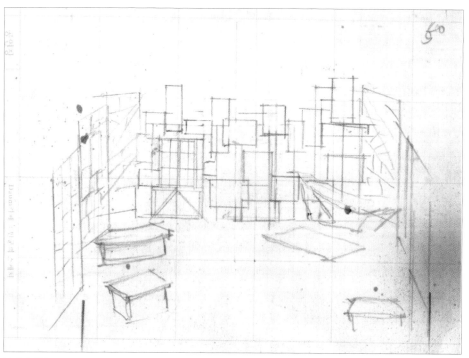

무대 스케치

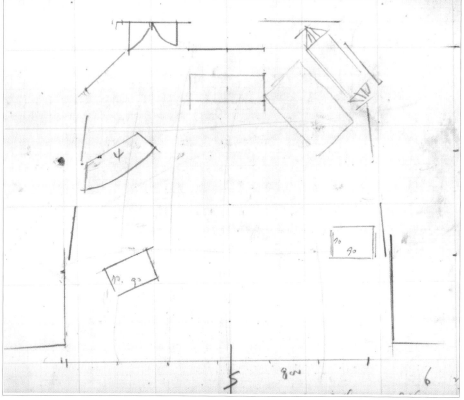

무대 평면도

251

극단 빈들

대전공연예술공모사업 선정 작품

# 마트 MART

| | |
|---|---|
| **작** | 박찬규 |
| **연출** | 유치벽 |
| **조명** | 윤진영 |
| **공연일** | 2011년 9월 9~10일 |
| **공연장** | 대전문화예술의전당 앙상블홀 |

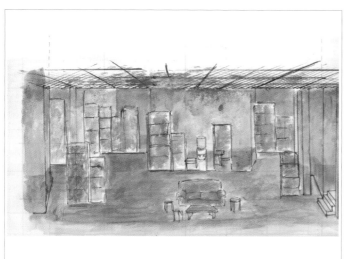

무대 스케치

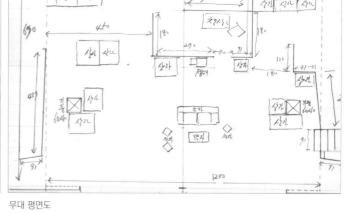

무대 평면도

극단 뿌리

2011년 극단 뿌리 35주년 정기공연 작품

# Q 요리, 그게 뭐지요

**작**     이언호
**연출**    김도훈
**조명**    정태민
**공연일**   2011년 9월 20일~10월 3일
**공연장**   설치극장 정미소

무대 스케치

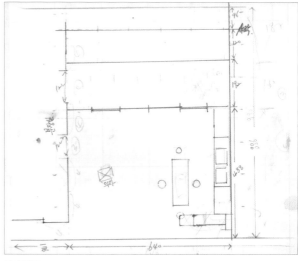

무대 평면도

극단 내여페

2011년 제3회 극단 내여페 정기공연

# 수상한 궁녀

**작·연출**   한윤섭
**조명**      정태민
**공연일**    2011년 11월 4일~12월 25일
**공연장**    대학로 청운예술극장

무대 스케치

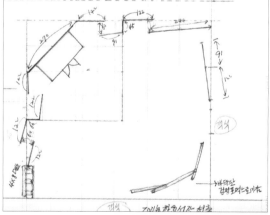
무대 평면도

청주시립무용단

# 크리스마스환타지 호두까기 인형

| | |
|---|---|
| **재구성** | 김지성 |
| **안무** | 김지성 |
| **조명** | 김태섭 |
| **공연일** | 2011년 12월 22~24일 |
| **공연장** | 청주예술의전당 소공연장 |

사진 제공 | 청주시립무용단

당진시

# 2011년 당진시 승격 기념식

| | |
|---|---|
| **연출** | 홍진웅 |
| **조명** | 윤광덕 |
| **공연일** | 2011년 12월 31일 |
| **공연장** | 당진문예의전당 |

무대 스케치

청주시립무용단 제61회 목요정기공연

# 별의 전설, 아! 송범

| | |
|---|---|
| **연출** | 국수호 |
| **조명디자인** | 원동규 |
| **의상디자인** | 미스터 리 |
| **공연일** | 2012년 4월 5일 |
| **공연장** | 청주예술의전당 대공연장 |

사진 제공 | 청주시립무용단

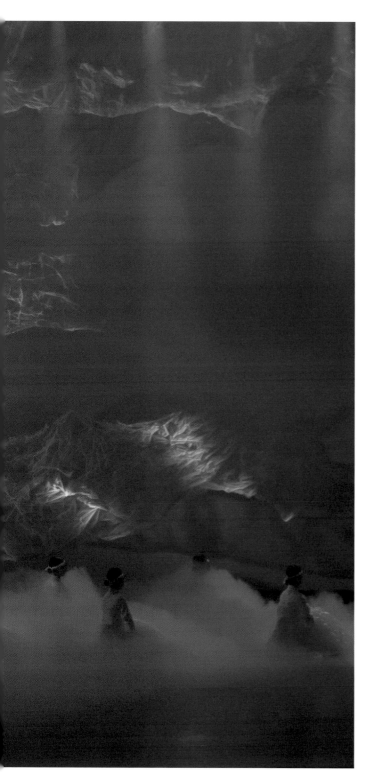

극단 새벽

# 짬뽕

| | |
|---|---|
| **작** | 윤정환 |
| **연출** | 한선덕 |
| **조명** | 윤진영 |
| **공연일** | 2012년 5월 11~13일 |
| **공연장** | 대전문화예술의전당 앙상블홀 |

무대 스케치

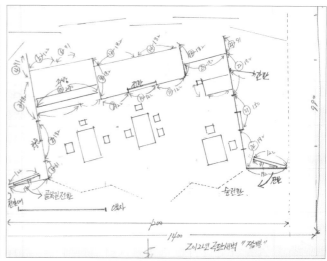

무대 평면도

극단 앙상블

2012년 제30회 광주광역시 전국연극제 금상(문화체육관광부장관) 수상작
한선덕(연기상), 민병구(무대예술상)

# 불나고 바람 불고

| | |
|---|---|
| **작** | 김태수 |
| **연출** | 이종국 |
| **조명** | 윤진영 |
| **공연일** | 2012년 6월 22일 |
| **공연장** | 광주문화예술회관 소극장, 대전연정국악문화회관 외 |

2012회 극단양성블 대전면극제 출품작

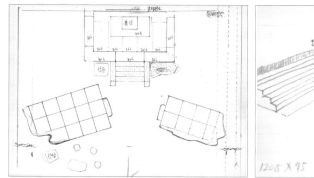

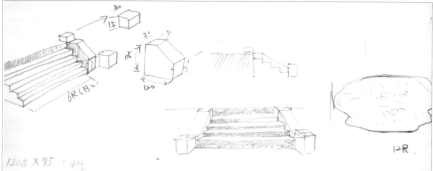

무대 스케치, 무대 평면도, 무대 제작도

청주시립무용단

청주시립무용단 제64회 목요정기공연·제28회 정기공연

# 춤향 별꽃의 서

| | |
|---|---|
| **안무** | 김평호 |
| **대본** | 임오섭 |
| **연출** | 이동용 |
| **조명** | 원동규 |
| **음악** | 손병하 |
| **무대감독** | 고용한 |
| **의상디자인** | 명재임 |
| **공연일** | 2012년 7월 5일 |
| **공연장** | 청주예술의전당 대공연장 |

사진 제공 | 청주시립무용단

극단 아시랑

# 그녀들만 아는 공소시효

**작**       김란이
**연출**    김수현
**조명**    임종훈
**공연일**   2012년 8월 7일
**공연장**   함안문화예술회관 외(전국 순회 공연)

무대 스케치

**성민주무용단**

2012년 제21회 전라남도 여수 전국무용제 은상 수상작

# 대문大門, 대… 문大問

| | |
|---|---|
| **안무** | 성민주 |
| **작·연출** | 성민주 |
| **조명** | 원동규 |
| **공연일** | 2012년 10월 18~27일 |
| **공연장** | GS칼텍스 예울마루 대극장, 청주예술의전당 대공연장 |

**사진 제공** | 성민주무용단

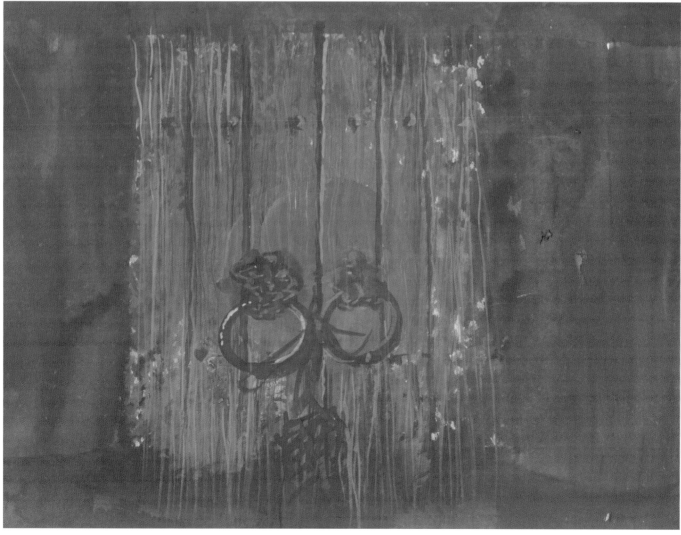

무대 스케치

# 처용

대전시립무용단
대전시립무용단 제54회 정기공연

| | |
|---|---|
| **안무** | 정은혜 |
| **공연일** | 2012년 10월 19~20일 |
| **공연장** | 대전예술의전당 아트홀, 국립극장 해오름극장 |

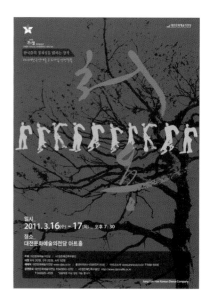

박시종무용단

2012년 제33회 서울무용제 대통령상 수상작
박정선(연기상)

# 나와 나타샤와 시인

| | |
|---|---|
| **대본** | 홍원기 |
| **연출** | 이학현 |
| **안무** | 박시종 |
| **음악** | 원일 |
| **조명감독** | 신호 |
| **공연일** | 2012년 10월 29일~11월 19일 |
| **공연장** | 아르코예술극장 대극장 |

사진 제공 | 이도희

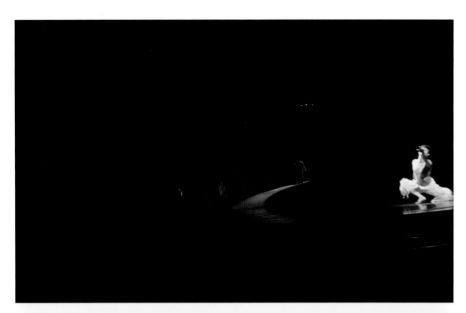

무대 스케치

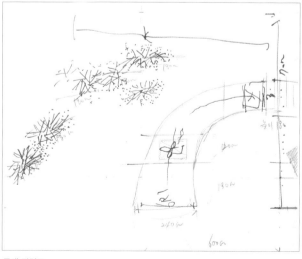

무대 평면도

목포시립연극단

희랍 시詩 비극
# 메디아media

| | |
|---|---|
| **원작** | 유리피데스 |
| **각색** | 로빈슨 제퍼스 |
| **연출** | 김성옥 |
| **조명** | 김진영 |
| **공연일** | 2012년 11월 3~4일 |
| **공연장** | 목포문화회관, 경주예술의전당 외 |

사진 제공 | 목포시립연극단

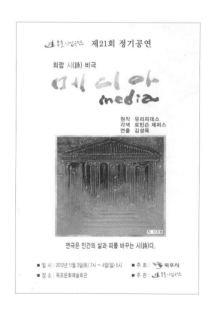

무대 스케치

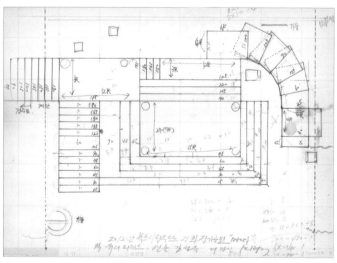

무대 평면도

극단 우리네땅

# 가판대

**작** 심상교
**연출** 김봉열
**조명** 김봉열
**공연일** 2012년 4월 8일
**공연장** 치악예술관, 삼척문화예술회관

무대 스케치1

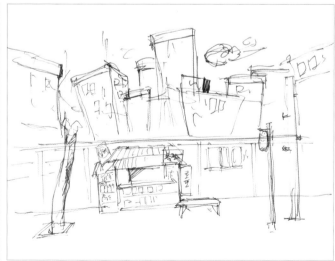
무대 스케치2

충북연극협회

# 맹진사댁 경사

| | |
|---|---|
| **작** | 오영진 |
| **연출** | 이창구 |
| **조명** | 김태섭 |
| **공연일** | 2012년 5월 |
| **공연장** | 음성문화예술회관 |
| | 광주광역시 빛고을시민문화관 |

무대 스케치1

무대 스케치2

무대 배경막

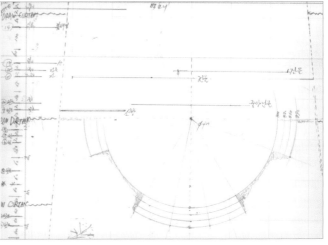

무대 평면도

# 무대미술이란 무엇인가?

무대미술이란 액자 속에 살아있는 그림을 표현하는 일이며 현실에서 허구를 재현하는 여행 속에서 관객의 상상력과 여정에 호소하는 것이라 생각합니다. 어찌 보면 창조 공간에서 작품의 이미지를 전달하는 역할을 담당하는 작업이라고도 볼 수 있습니다.

무대의 막이 오르면 정지되어 있던 모든 무대 구조물에 어둠과 빛이 깃듭니다. 무대 한쪽에 빛을 만들면 다른 어딘가는 어둠이 만들어지고 어둠이 만들어지면 빛이 만들어지는 약속의 시간이 함축되어 있습니다. 자연현상을 시뮬레이션 한 세계가 무대 공간 위에서 반복됩니다. 빛 위에 빛을 비추면 더 강한 빛이 만들어지고, 빛 아래에 어둠이라는 그림자가 만들어내는 침묵이 무대 위에 조용히 타오릅니다.

무대미술은 결국 탐구에 의해 상황을 만드는 작업이라 생각합니다. 극장에 수직으로 대칭되는 도면상의 허구 공간에서 공연하는 배우들의 진실을 원근법의 시선으로 사랑하며 묵묵히 혹독한 시간을 보냈습니다.

약속한 한정된 시간 안에 완성도 높은 무대미술을 만들기 위해 사생활도 잊어야 했습니다. 수많은 공연 제작자와 좌충우돌 30여 년의 세월이 흘렀습니다. 작업실 책상 위아래에 2,800여 개가 넘는 무대 도면과 스케치 그리고 연극 대본과 공연 필름과 사진이 수북이 쌓여 먼지와 뒤엉켜 시름을 앓고 있었습니다. 기억에 묻히고 잊고 지나가는 것이 아쉬워 소중한 자료를 담아 보았습니다.

애송헌(愛松軒)에서

325

# 작가 연보

**민 병 구** | 무대미술가·한국화가

중학교에 다니던 1982년 어느 날, 우연히 헌책방에서 《사군자 묘법》을 130원에 구입했다. 이 일이 화가의 길을 걷는 계기가 되었다. 이후 혼자서 운필법을 틈틈이 연습한 덕에 실력이 나날이 쌓여갔다. 고등학교 2학년 당시 충북 청주엔 그림 배울 곳이 없어 서울을 오가며 전시장과 화가 선생님들의 화실을 찾아다녔다. 전시장과 화실에서 본 그림들을 눈으로 익힌 후 다시 청주로 내려와 스케치북에 옮겨 보기를 수차례 거듭했다. 시간이 날 때마다 연필로 스케치를 하고 붓에 먹물을 찍어 사군자와 화조 산수를 그리기 시작했다. 13년 동안 혼자 미술의 세계를 터득해 나가는 길은 외로움의 길이기도 했다. 1985년부터 전국 각지를 돌면서 스케치 및 대목·소목·주물 등 많은 기술을 익혔다. 방송국에서 용역으로 청소와 잡일을 하며 목공 작업을 시작했다. 당시 청주대학교 연극영화과 이창구 교수님을 만나면서 연극무대에 매료되고 심취해 무대디자인과 무대제작을 시작했다. 이후 무대미술가 송관우 선생님께 틈틈이 무대제작을 배우기 시작하며 무대 작화에도 참여했다. 1989년 중부무대미술연구소를 설립해 현재까지 무대디자인과 무대제작을 하며 신문사·주간지·잡지 등에 삽화와 만평 그림을 그리고 있다.

## 사회 활동

- 〈1989년~현재〉 중부무대미술연구소 대표
- 채묵화회 회장
- 한국미술협회 회원
- 청주미술협회 회원
- 한국연극협회 회원
- 청주연극협회 회원
- 충북문학저널 회원

## 출강

- 2008년~2018년   건양대학교 공연미디어과 출강
- 2010년~2012년   서원대학교 연극영화과 출강
- 2010년~2017년   한남대학교 사회문화대학원 출강
                 (무대기술)
- 2008년~2017년   무대미술 및 무대장치 기술 특강

## 저서

- 시집 《고무신놀이》 (2015, 예술가의 숲)

## 수상 경력

- 1985년 서울미술제 특별상
- 1989년 백수문학 신인상 (詩 부문, 성기조 추천)
- 2002, 2003, 2007, 2008, 2009, 2010, 2011, 2014, 2016, 2020년
  충남연극제 무대예술상 (충남연극협회)
- 2003, 2005, 2006년 충북연극제 특별상–무대예술상 (충북연극협회)
- 2005년 제23회 대전광역시 전국연극제 무대예술상 (한국연극협회, 한국문화예술위원회)
- 2006년 대전광역시연극제 무대예술상 (대전광역시연극협회)
- 2007년 대전시민축전 무대예술상 (대전광역시연극협회)
- 2008년 충북우수예술인상 (충북예총)
- 2012년 청주예총 공로상 (청주예총)
- 2012년 제30회 광주광역시 전국연극제 무대예술상 (한국연극협회, 한국문화예술위원회)
- 2013년 한국예총 특별문화상 (한국예총)
- 2017년 청주예술상 (청주예총)
- 2017년 제35회 대구광역시 대한민국연극제 무대예술상 (한국연극협회, 한국문화예술위원회)
- 2017년 거창연극제 무대예술상
- 2018년 제36회 대전광역시 대한민국연극제 무대예술상 (한국연극협회, 한국문화예술위원회)
- 2018년 스포츠서울 Best Innovation 기업 & 브랜드대상
- 2018년 한국스포츠경제 고객감동 혁신기업 대상 수상
- 2018년 일간스포츠 대상
- 2019년 문학저널 신인문학상 (詩 부문)

## 무대미술 작품 활동

### 1988

- **극단 새벽** | 〈오셀로〉 외 다수

### 1990

- **극단 상당극회** | 이창구 연출 〈품바〉 (청주예술의전당 소공연장) 외 다수

### 1995

- **청주대학교 총동문회** | 김상열 작, 정일원 연출 〈번지 없는 주막〉
  (청주예술의전당 대공연장)
- **극단 시민극장** | 닐사이먼 작, 송창화 연출 〈나는 영화배우가 되고 싶어〉
  (시민극장, 거창입체예술극장) 외 다수

### 1996

- **극단 청년극장** | 이만희 작, 홍진웅 연출 〈그것은 목탁 구멍 속의 작은
  어둠이었습니다〉 (청주예술의전당 소공연장, 광주문예회관 소극장)
- **극단 상당극회** | 윤대성 작, 박천하 연출 〈만나기 전부터 사랑하였다〉
  (청주시민회관, 천주교 감곡매괴 성당 )
- **극단 청년극장** | 존 밀링턴 씽크 작, 이정님 연출 〈바다로 가는 기사들〉
  (문화공간 너름새) 외 다수

### 1997

- **극단 시민극장** | 임승빈 작, 송창화 연출 〈또 하나의 선택〉 (시민극장)
- **극단 시민극장** | 김상열 각색, 송창화 연출 〈홍도야 울지마라〉
  (청주예술의전당 대공연장)
- **청주 놀이마당 울림 [창단 10주년 기념]** | 서길원 연출 〈광대의 노래〉
  (청주예술의전당 소공연장)
- **극단 청사** | 까몰레티 작, 이윤혁 연출 〈누가 누구〉 (시민극장)
- **극단 상당극회 [55회 정기공연]** | 김혁수 작, 박현진 연출 〈검은드레스〉
  (시민극장)
- **극단 시민극장** | 신명순 작, 송창화 연출 〈전하〉 (시민극장 외)
- **충북연극협회** | 김창일 작, 정일원 연출 〈역마살〉
  (청주예술의전당 소공연장)
- **극단 상당극회** | 엄인희 작, 이계준 연출 〈그 여자의 소설〉 (시민극장) 외
  다수

### 1998

- **극단 시민극장** | 박종열 작, 지종해·송창화 연출 〈깡통공화국〉
  (대전대덕과학문화센터 외)
- **극단 시민극장** | 김태수 작, 송창화 연출
  〈옥수동에 서면 압구정동이 보인다〉 (시민극장)
- **극단 시민극장** | 조셉 베류·에드거 랜스버리·스튜어드 던컨 작
  최순정 번역, 박유라 연출 〈가스펠〉 (시민극장) 외 다수

### 1999

- **극단 청년극장 [제64회 정기공연]** |
  이강백 작, 우현종 연출 〈영월행 일기〉 (문화공간 너름새 외)

- **극단 청년극장 [제65회 정기공연]** | 함세덕 작, 이창구 연출 〈산허구리〉
  (문화공간 너름새)
- **극단 청년극장** | 차범석 작, 홍진웅 연출 〈산불〉
  (청주예술의전당 대공연장) 외 다수

## 2000

- **극단 청년극장 [제73회 정기공연]** | 이근삼 작, 강민구 연출
  〈아카시아 흰 꽃을 바람에 날리고〉 (문화공간 너름새 외)
- **극단 청사** | 이상우 작, 남상욱 연출 〈늙은 도둑 이야기〉 (문화공간 너름새)
- **극단 청년극장** | 이만희 작, 홍진웅 연출 〈그것은 목탁 구멍 속의 작은
  어둠이었습니다〉 (영동 난계국악당, 진천군민회관 외)
- **청주시연극협회** | 김상열 작, 정일원 연출 〈울고 넘는 박달재〉
  (청주문화센터 외) 외 다수

## 2001

- **극단 청년극장** | 이만희 작, 홍진웅 연출 〈한 놈 두 놈 빅구 타고〉
  (문화공간 너름새)
- **청주연극협회연합** | 신명순 작, 이창구 연출 〈언덕 위에 빨간 집〉
  (청주예술의전당, 제주문예회관)
- **극단 청년극장** | 토마스 울프 작, 이창구 연출 〈천사여 고향을 보라〉
  (국립극장 달오름, 청주예술의전당 대공연장)
- **극단 청년극장** | 이만희 작, 홍진웅 연출 〈그것은 목탁 구멍 속의 작은
  어둠이었습니다〉 (문화공간 너름새)
- **극단 천안** | 김태웅 작, 조영천 연출
  〈이(爾)〉 (홍성 홍주 문화회관 대극장 외) 외 다수

## 2002

- **극단 성터** | 박수진 작, 채필병 연출 〈춘궁기〉
  (공주문예회관, 한국소리문화의전당 외)
- **박시종 무용단** | 박시종 작·연출·안무 〈수선화〉 (청주예술의전당 대공연장)
- **청주연극협회** | 김태수 작, 박천하 연출 〈꽃마차는 달려간다〉
  (문화공간 너름새)
- **(사)창무 예술원-오은아 무용단** | 오은아 작·안무 〈기파랑이여〉
  (포스트극장)
- **강혜숙 춤패** | 강혜숙 대본·안무·연출 〈님 부르는 그대 넋은〉
  (청주예술의전당 대공연장)
- **RYU Dance Company 무용단** | 류명옥 대본·안무·연출
  〈아름다운 도깨비나라〉 (청주예술의전당 대공연장)
- **청주대학교 예술대학 연극영화과** | 김영수 작, 변종수 연출 〈혈맥〉
  (청주대학교 예술대학교 연극영화과 소극장)
- **극단 청사** | 김태수 작, 이창구 연출 〈해가 지면 달이 뜨고〉
  (청주예술의전당 대공연장, 한국소리문화의전당 대극장)
- **RYU Dance Company 무용단** | 우현종 대본, 홍진웅 연출
  〈순애2, 무무(武舞)〉 (진천 백곡천 둔치)
- **극단 청사** | 샘 쉐퍼드 작, 강민구 연출 〈트루 웨스트-진짜 서부극〉
  (문화공간 너름새)
- **국립국악원 [제300회 국립국악원 목요상설]** |
  나혜경 연출 〈음악그룹 나비야〉 (국립국악원 우면당)
- **벽파춤연구회** | 박재희 연출·안무 (청주예술의전당 소공연장)
- **극단 천안 [제67회 정기공연]** | 김동기 작, 채필병 연출 〈아비〉
  (당진군민회관 외)
- **청주시립국악단 [제24회 정기공연]** | 〈신세계로부터〉
  (청주예술의전당 대공연장) 외 다수

## 2003

- **극단 청년극장 제85회 정기공연** | 김동기 작, 이창구 연출 〈아비〉
  (문화공간 너름새)
- **극단 천안 제70회 정기공연** | 임규 작, 박근현 연출
  〈저 청솔가지 끝에 달아〉 (충남학생교육문화회관)
- **내일로 여는 춤 2003년 우리춤 뿌리찾기** | 박시종 대본·안무
  〈채송화로 피어 '진부교방 굿거리춤'〉 (포스트극장)
- **최영란 무용단** | 조주현 대본, 최영란 안무·연출 〈부용...이별〉
  (목원대학교 대덕문화센터 콘서트홀)
- **박시종무용단** | 이인숙 글, 박시종 안무 〈채송화로 피어〉
  (청주예술의전당 대공연장)
- **김영아 전통예술단** | 김영아 대본·안무·연출
  〈원주국악 2003 우리춤과 북소리 한마당〉 (치악예술관)
- **청주시립무용단 [연말 특별공연]** | 정미영 대본·안무
  〈오늘은 나에게 무슨 특별한 일이 있을까〉 (청주예술의전당 소공연장)
- **청주시립무용단 [연말 특별공연]** | 박혜정 대본·안무 〈개미와 베짱이〉
  (청주예술의전당 소공연장)
- **강혜숙 춤패** | 강혜숙 대본·안무·연출 〈님 부르는 그대 넋은〉
  (청주예술의전당 대공연장)
- **청주시립무용단 [연말 특별공연]** | 박향남 대본·안무
  〈산타친구 개미와 베짱이〉 (청주예술의전당 소공연장)
- **박재희 춤 40년** | 박재희 안무·연출 〈오래가는 향기 외〉
  (청주예술의전당 대공연장)
- **극단 떼아뜨르 고도** | 김태수 작, 송전 연출 〈옥수동 연가〉
  (대전평송문화회관)
- **군산연극협회** | 이원희 작, 정현호 연출 〈악극 검사와 여선생〉
  (군산시민문화회관)

- **제5회 청주시무용협회 정기공연·청주시립무용단 축하공연** |
  박재희 안무 〈축 연무〉, 박정미 안무 〈귀歸〉 (청주예술의전당 소공연장)
- **청주시립국악단 [제26회 정기 연주회]** | 〈순수로의 초대〉
  (청주예술의전당 대공연장)
- **청주시립국악단 [제25회 정기 연주회]** | 〈소리 굿 그리고 풍물 굿〉
  (청주예술의전당 대공연장)
- **청주시립무용단 [테마기획 공연]** | 김계원 안무 〈뿌리요정 이야기〉
  박선미 안무 〈다락방의 꿈〉
  박혜정 안무 〈개미와 배짱이〉 (청주예술의전당 소공연장)
- **청주시립국악단 [제134회 청주시립국악단 수시 연주회]** |
  〈우리소리로 듣는 캐롤〉 (청주예술의전당 소공연장)
- **극단 청년극장** | 이산 작, 강민구 연출 〈달의 안해〉
  (청주예술의전당 대공연장, 공주문화회관, 단양군민회관 외)
- **극단 청년극장** | 장진 작, 김상규 연출 〈택시 드리벌〉 (문화공간 너름새)
  외 다수

## 2004

- **목원대학교 [목원대학교 개교 50주년 기념 무용 공연]** |
  최영란 안무·연출 〈춤의 향기 그 아름다운 몸짓〉
  (목원대학교 대덕문화센터 콘서트홀)
- **청주시립무용단 [연말 테마기획 공연]** | 강민호, 지연정 안무
  〈난장이 마을의 크리스마스〉 (청주예술의전당 소공연장)
- **제13회 충북무용제** | 홍원기 작·연출, 박시종 안무 〈가람푸리 가얏고〉
  (청주예술의전당 대공연장 외)
- **청주대학교 연극영화과 [제5회 청예연극제]** | 이강백 작, 문현철 연출
  〈칠산리〉 (청주대학교 연극영화과 소극장)
- **청주대학교 연극영화과 [제5회 청예연극제]** | 몰리에르 작, 최대안 연출
  〈수전노〉 (청주대학교 연극영화과 소극장)

- **강혜숙 춤패 [제9회 단재 문화예술제전 개막 강혜숙 춤패 춤 공연]** |
신채호 원작, 정지성 대본, 강혜숙 춤 원작, 장옥주 안무 〈꿈하늘〉
(청주예술의전당 대공연장)
- **배주옥 무용단** | 배주옥 작·연출·안무 〈하늘물 아시물〉 (대전우송예술회관)
- **대전시립무용단 [2004 안무가 페스티벌 '아시아의 춤']** | 오선희 작·안무
〈밤의 소리〉, 김한덕 작·안무 〈비가(悲歌)〉 (대전예술의전당 앙상블홀)
- **청주시립무용단 테마기획 공연** | 강민호·지연정 안무
〈춤으로 만나는 백설공주〉 (청주예술의전당 소공연장)
- **천안연극협회** | 한윤섭 작·연출 〈능소전〉 (천안삼거리공원 외)
- **청주시립합창단 [특별기획 공연]** | 원기준 연출 〈사운드 오브뮤직〉
(청주예술의전당 대공연장)
- **한양 아트피플 [창단 공연]** | 한성수 대본, 한상근 연출, 최영란·서은정
안무 〈봄..정..감〉 (대전문화예술의전당 야외 무대)
- **청주시립국악단 [제27회 청주시립국악단 정기연주회]** |
〈꽃의 축제〉 (청주예술의전당 대공연장)
- **대전시립무용단 [기획 공연]** | 박근형 대본, 송인현 연출, 한상근 안무
〈어화신명〉 (대전예술의전당 앙상블홀)
- **극단 셰익스피어** | 복영한 연출 〈신의 아그네스〉 (세이 아트홀)
- **김영아 전통예술단 [제8회 원주 시민의 날_김영아 전통예술단 공연]** |
김영아 안무·구성·연출 〈우리의 춤과 북소리 한마당〉 (치악예술관)
- **천안연극협회** | 원철 작, 유중렬 연출 〈하얀 눈이 내리네〉 (한암아트홀)
- **강혜숙 춤패 [2004년 신나는 예술여행 강혜숙 춤패]** |
강혜숙 안무·연출 〈열린 춤 마당〉 (충북 지역 순회)
- **대전시립무용단, 배주옥무용단, 최영란무용단 [대전시립무용단과 KBS
대전 방송총국이 선사하는 한 여름밤 댄스 페스티벌]** |
한상근 안무·연출 〈담백하라〉, 배주옥 안무·구성 〈물의혼〉
최영란 안무·구성 〈1부_춘설, 2부_겨울연가〉 대전시립미술관 앞 분수대

만화가 박재동 선생님과 인사아트프라자에서

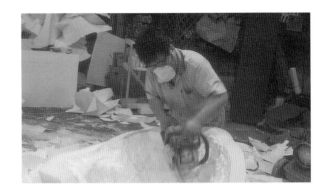

- **극단 청년극장** | 김상규 연출 〈흥부와 놀부〉 (문화공간 너름새 외) 외 다수

## 2005

- **극단 새벽 [역사 뮤지컬]** | 한선덕 연출 〈우리로 서는 소리〉
(대전연정국악문화회관 대극장)
- **극단 마당 [진규태 연극인생 외길 40주년 기념공연]** | 김태수 작, 진규태
연출 〈해가 지고 달이 뜨고〉 (대전시립연정국악문화회관 대극장)
- **극단 셰익스피어** | 김정숙 작, 복영한 연출 〈오아시스세탁소 습격사건〉
(대전문화예술의 전당 앙상블홀)
- **극단 떼아뜨르 고도** | 김태수 작, 권영국 연출
〈옥수동에 서면 압구정동이 보인다〉 (대전예술의전당 앙상블홀)
- **극단 앙상블** | 김태수 작, 진규태 연출 〈꽃마차는 달려간다〉
(대전문화예술의전당 앙상블홀)
- **극단 청년극장** | 생텍쥐페리 작, 강민구 연출 〈어린왕자〉 (문화공간 너름새)
- **극단 열린문** | 한윤섭 작·연출 〈후궁 박빈〉 (김동수플레이하우스)
- **최영란 무용단** | 홍원기 작, 최영란 연출·안무 〈천,년,가,약〉 (제주문예회관)
- **극단 천안** | 이만희 작, 유중렬 연출
〈그것은 목탁 구멍 속의 작은 어둠이었습니다〉 (천안시민문화회관 대강당)
- **극단 청년극장** | 강민구 연출 〈칠산리〉
(충북대학교 개신문화회관, 대전문화예술의전당 앙상블홀)
- **극단 청년극장** | 우현종 작·연출 〈왔소 왔소 내가 왔소〉 (충청북도 일원)
외 다수

## 2006

- **청주대학교 연극영화과 [이창구 교수 정년기념 헌정 공연]** |
어스킨 콜드웰 작, 이창구 연출 〈담배 밭〉 (정동극장)
- **극단 앙상블** | 김태수 작, 진규태 연출 〈꽃마차는 달려간다〉
(대전문화예술의전당 앙상블홀)

- **극단 청년극장 [제105회 정기공연]** | 김영수 대본, 박종보 연출 〈혈맥〉
  (청주시민회관)
- **극단 앙상블** | 이근삼 작, 유치벽 연출 〈막차 탄 동기동창〉
  (대전연정국악문화회관)
- **청주시립무용단 [테마기획 공연]** | 전건호 안무·구성 〈피터팬〉
  (청주예술의전당 소공연장)
- **청주시립무용단 [테마기획공연]** |
  1부_정미영 안무·구성 〈쥐돌이 크리스마스 대소동〉
  2부_박향남 안무·구성 〈오! 산타〉 (청주예술의전당 소공연장)
- **극단 앙상블** | 도완석 작, 이종국 연출 〈명학소의 북소리〉
  (공주 공산성 쌍수정 야외무대)
- **천안연극협회 제14회 정기공연** | 김태수 대본, 채필병 연출
  〈옥수동에 서면 압구정동이 보인다〉 (천안 대학로예술극장)
- **극단 드림 [제2회 정기공연]** | 김경희 대본, 주진홍 연출 〈선물〉
  (연정국악문화회관)
- **극단 새벽** | 칼 제라시·로알드 호프만 대본, 송전 연출
  〈사랑의 불꽃 산소〉 (대전문화예술의전당 앙상블홀)
- **극단 홍성무대 [창단 14주년 기념]** | 이강백 대본, 이태호 연출
  〈맨드라미 꽃〉 (홍주문화회관 외)

- **노현식무용단** | 노현식 안무·구성 〈처용단장〉 (진천군 화랑관 외)
- **최영란무용단** | 최영란 안무·구성, 노현식 연출
  〈춤 인생 40년 최영란의 전통춤〉 (목원대학교 대덕문화센터 콘서트홀)
- **극단 김동수컴퍼니 46** | 김려령 원작, 정순영 각색, 이상훈 대본, 김동수
  연출 〈완득이〉 (김동수플레이하우스 외)
- **실내악 여우 [2006 정기공연]** | 류재춘 대본·연출 〈바람의 초대〉
  (청주예술의전당 대공연장)

- **극단 셰익스피어** | 김정숙 대본, 복영한 연출 〈7인의 천사〉
  (대전문화예술의전당 앙상블홀)
- **새울전통타악진흥회** | 김준모 대본·구성 〈우리 소리 우리 가락〉
  (청주예술의전당 대공연장)

- **장옥주무용단 [우봉 이매방 초청 청주공연]** |
  장옥주 대본·구성 (청주예술의전당 대공연장)
- **실내악단 나비야 [2006년 실내악단 나비야 기획공연]** | 나혜경 대본·
  구성 〈맑은 햇살 아래 나비를 좇는 똥강아지〉 (청주예술의전당 소공연장)
- **극단 셰익스피어** | 김정숙 대본, 복영한 연출
  〈오아시스 세탁소 습격 사건〉 (대전문화예술의전당 앙상블 홀)
- **극단 한밭** | 케네스 굿맨 원작, 윤진영 연출 〈길손〉
  (연정 국악문화회관 소극장)
- **청주대학교 예술대학 [제6회 청예 연극제]** | 토마스 울프 작, 고은숙 연출
  〈천사여 고향을 보라〉 (청주대학교 예술대학 연극영화과 소극장)
- **성남고등학교** | T.S 엘리어트 작, 복영한 연출 〈뮤지컬 캣츠〉
  (김천문화회관 외 전국 순회 공연)
- **극단 천안 [민촌 이기영의 삶과 문학 극화]** | 최송림 작, 류중렬 연출
  〈버들피리〉 (천안시청 봉서홀)
- **극단 청년극장** | 헨릭 입센 작, 홍재범 연출 〈인형의 집〉
  (문화공간 너름새) 외 다수

## 2007

- **박시종 무용단** | 홍원기 대본·연출, 박시종 안무
  〈가얏고 선율에 춤을 싣다〉 (서강메리홀)
- **청주, 충주 KBS 어린이 합창단 [정기 연주회]** |
  조상원 연출 〈가족동요 뮤지컬 놀부뎐〉 (청주예술의전당 대공연장)
- **청주시립합창단** | 장민석 연출 〈사운드 오브 뮤직〉
  (청주예술의전당 대공연장)

2007년 무대미술전에서 남상우 청주시장님과

- **음악그룹 나비야 [제300회 국립국악원 목요상설 무대공연]** |
  나혜경 대본·연출 〈나비가 되어 훨훨 날다〉 (국립국악원)
- **극단 늘품** | 장세혁·이선희 작, 안진상 연출 〈보고싶습니다〉
  (문화공간 너름새)
- **극단 마당 [연극 인생 40주년 임영주 선생님 회갑 기념공연]** |
  김태수 작, 진규태 연출 〈칼맨〉 (드림아트홀)
- **청주시립무용단 [테마기획 공연]** | 전건호 안무, 구성 〈피터팬〉
  (청주예술의전당 소공연장)
- **청주시립무용단 [테마기획 공연_크리스마스 환타지]** |
  김혜정 안무·구성 〈콩쥐 팥쥐전〉 (청주예술의전당 소공연장)
- **이강용 무용단** | 이강용 대본·안무·구성 〈내 안의 꿈〉
  (평소 청소년 수련원 대극장)
- **음악그룹 나비야 [정기공연]** | 나혜경 연출·대본
  〈나비야 나비야 이리 날아 오너라〉 (청주예술의전당 대공연장)
- **성남고등학교 [뮤지컬 공연]** | T.S 엘리엇 원작, 도완석 연출
  정미례 안무 〈뮤지컬 캣츠〉 (대전예술의전당 아트홀)
- **〈조정아 가야금 독주회〉** 조정아 구성.연출 (충청남도학생회관 대공연장)
- **〈불량선생 오달국〉** 한대원 대본, 김지훈 연출 (이랑 씨어터)
- **[제53회 백제문화제-700년 대 백제의 꿈]** 황해숙 대본, 김한덕 연출
  〈고마나루-고혼가(고마의 염원)〉 (백제문화제 공주공산성 주 무대)
- **장옥주 가람무용단 [2007년 정기공연]** | 장옥주 대본, 안무, 구성
  〈가람의 춤 향연〉 (청주예술의전당 소공연장)
- **극단 신협 [60주년 기념공연]** | 어스킨 콜드웰 작, 이창구 연출
  〈타바코로오드〉 (동덕여대 공연예술센터 대극장)
- **극단 천안** | 천승세 작, 채필병 연출 〈만선〉 (당진문화예술의전당 외)
- **대전시립무용단 [기획공연]** |
  ①대전시립무용단 이강용 안무·구성 〈바리공주〉

②청주시립무용단 〈눈을 찾아 떠나는 허풍이의 모험〉
(대전광역시청 3층 대강당)
- **충북 민요 보존회** | 천은영 작, 봉복남 연출 〈창극 애환의 아리랑 고개〉
  (충주문화회관)
- **김한덕 무용단** | 황해숙 대본, 문치빈 연출 〈나를 찾아 떠나는 순례〉
  (대전문화예술의전당 앙상블홀)
- **극단 앙상블** | 차범석 작, 이종국 연출 〈산불〉
  (대전문화예술의전당 아트홀)
- **대전KBS [대전KBS 창작뮤지컬]** | 조수연 대본, 김애란 연출
  〈유방택 별을 바라보다〉 (대전문화예술의전당 대공연장)
- **극단 놀자** | 브라이언 프리엘 작, 송선호 연출 〈루나자에서 춤을〉
  (대전문화예술의전당 앙상블홀) 외 다수

## 2008

- **극단 비상** | 이만희 작, 이창구 연출 〈한놈 두놈 삑구 타고〉
  (낙산 씨어터)
- **고경희무용단** | 김유진 작, 백현순 연출, 고경희 안무 〈눈물의 나무잠〉
  (목포문예회관)
- **음악그룹 나비야** | 나혜경 구성·연출 〈프랜스 콘서트〉
  (청주예술의전당 대공연장)

- 청주시립국악단 [제64회 정기공연] | 〈6월의 꿈〉
  (청주예술의전당 대공연장)
- 청주시립무용단 [테마 기획공연] | 김계원 안무·구성
  〈뿌리요정 이야기〉, 박선미 안무·구성 〈다락방의 꿈 (신데렐라)〉
  박혜정 안무·구성 〈개미와 배짱이〉 (청주예술의전당 소공연장)
- 천안시립 흥타령풍물단 [1회 정기연주회] | 조한숙 구성, 연출 〈동살〉
  (천안시청 봉서홀)
- 극단 홍성무대 | 이태호·차지성 작, 류중렬 연출
  〈우리에게도 좋은 날이 있다면〉 (공주영상정보대학 소극장)
- 청주시립무용단 [테마기획공연] | 안무·구성 김지성
  〈마리의 아주 특별한 선물〉 (청주예술의전당 소공연장)
- 청주시립무용단 [전국시립무용단 교류전] | 〈아름다운동행〉
  (청주예술의전당 대공연장)
- 극단 셰익스피어 | 김정숙 작, 복영한 연출 〈뮤지컬 7인의 천사〉
  (대전문화예술의전당 앙상블홀)
- 극단 빈들 | 이만희 대본, 유치벽 연출 〈언덕을 넘어서 가자〉
  (대전문화예술의전당 앙상블홀)
- 극단 앙상블 | 이만희 작, 송전 연출 〈아름다운 거리〉
  (대전문화예술의전당 앙상블홀)
- 충북예총 [창립 50주년 기념공연] | 오영미 작, 조병진 연출
  〈충청의 혼, 세상의 꽃이 되어라!〉 (청주예술의전당 대공연장 외)
- 서울종합예술학교 | 차범석 작, 이정구·전대근 연출 〈산불〉
  (동덕여대 공연예술센터 대극장)
- 장옥주무용단 | 장옥주 작·안무 〈홍등 밝혀...(울밑에선 봉선화야~)〉
  (서울교육문화회관 대극장)
- 천안시 충남관현악단 [제56회 정기 연주회] | 조주우 구성, 이건석 지휘
  〈비단길 소릿길〉 (천안시청 봉서홀)
- 청주KBS 어린이합창단 | 〈아라비안 나이트〉
  (KBS청주방송총국 아트홀)
- 박시종 무용단 | 박시종 안무·구성 〈겨울날의 풍경〉 (청주시민회관)
- 극단 예촌 | 류중열 연출 〈울고 넘는 박달재〉 (예산문예회관)
- 포천시립민속예술단 [정기공연] |
  대본 전연순, 김한덕 연출·안무 〈명·성·일·무〉 (포천반월아트홀대극장)
- 청주시립무용단 | 홍원기 작, 박시종 안무 〈월하연가〉
  (청주예술의전당대공연장)
- 극단 늘품 | 천은영 대본, 안진상 연출 〈회연〉
  (청주예술의전당 대공연장, 인천종합문화예술회관 외)

- 청주시립국악단 [제565회 정기연주회] | 〈젊은 예인〉
  (청주예술의전당 대공연장)
- 청주시립국악단 [제153회 수시 연주회] | 〈우리소리 태교3〉
  (청주예술의전당 소공연장)
- 청주시립무용단 [제24회 정기공연] | 김효정, 원일 대본, 원일 연출·작
  곡, 박시종 안무·구성 〈달의 노래〉 (청주예술의전당 대공연장)
- 극단 빈들 | 이만희 작, 유치벽 연출 〈언덕을 넘어서 가자〉 (소극장 핫도그)
- 극단 청년극장 | 김태수 대본, 정인숙 연출
  〈옥수동에 서면 압구정동이 보인다〉 (옥천부활원 외)
- 오프스오페라앙상블 오케스트라 | 김균태 작, 송전 연출
  〈오페라 배비장〉 (대전문화예술의전당 앙상블홀)
- 오프스오페라앙상블 오케스트라 | 김균태 작, 송전 연출
  〈다라다라〉 (대전예술의전당 앙상블홀) 외 다수

## 2009

- 전건호 무용단 | 전건호 작·안무 〈지금…껍질속을 바라보다〉
  (청주예술의전당 소공연장)
- 서울종합예술학교 | 김영수 작, 김종묵 연출 〈혈맥〉 (숙명아트센터 씨어터)
- 목포시립연극단 [제17회 정기공연] | 유진 오닐 작, 김성옥 연출
  〈밤으로의 긴 여로〉 (목포문화예술회관)
- 극단 김동수컴퍼니 | 이순원 원작, 이상훈 극본, 김동수 연출
  〈아들과 함께 걷는 길〉 (김동수플레이하우스)
- 청주시립합창단 [기획공연] | 최현석 대본·작곡, 진상우 연출
  〈창작 뮤지컬 직지_묘덕을 만나다〉 (청주예술의전당 대공연장)
- 청주시립무용단 [테마기획공연] | 김혜경 안무·구성 〈콩쥐 팥쥐전〉
  (청주예술의전당 소공연장)
- [2009년 대전국제음악제] | 주창회 〈가을맞이 7인 7색 가곡의 밤〉
  (대전문화예술의전당 앙상블홀)

- **극단 앙상블** | 노희경 작, 이종국 연출 〈세상에서 가장 아름다운 이별〉
  (대전연정국악문화회관)
- **홍지영 무용단** | 이선미 대본, 홍지영 안무 〈가시리〉
  (김해문화예술회관, 충북학생문화원)
- **청주시립무용단** | 박재희 안무·구성 〈이 시대의 명무전_국향〉
  (청주예술의전당 대공연장)
- **청주시립무용단 [제25회 정기공연]** | 김효정 대본, 원일 연출·작곡
  박시종 안무·구성 〈달의 노래〉 (청주예술의전당 대공연장)
- **극단 청년극장, 극단 빈들** | 이만희 작, 방재윤 연출
  〈언덕을 넘어서 가자〉 (청주예술의전당 소공연장, 구미문화예술회관 외)
- **(사)새울 전통 타악 진흥회 충북지회 [정기공연]** | 김준모 구성 〈있소 굿〉
  (청주예술의전당 대공연장)
- **극단 예촌** | 방영웅 대본, 주선홍 연출 〈분례기〉
  (공주영상대학 공연장, 구미문화예술회관 대극장)
- **극단 추파 [혜화동 1번지 페스티벌]** | 우현종 작·연출 〈세월이 가면〉
  (혜화동1번지)
- **극단 앙상블** | 민복기 작, 이인복 연출 〈행복한가족〉
  (대전가톨릭문화회관 아트홀)
- **〈미스맘〉** 한대원 작, 성찬모 연출 (몽 메이르드극장 )
- **충북연극협회** | 김태수 작 〈악극 울어라 박달재야〉 (충주문화회관 외)
- **극단 천안** | 한윤섭 작, 김태원 연출 〈아르빌 가는 길〉 (천안시민 문화회관)
- **극단 홍성무대** | 전인섭 작·연출 〈회〉 (홍주문화회관 대공연장)
- **청주시립무용단** | 박시종 안무·구성 〈고귀함과 열정〉 (김제문화예술회관)
- **성남고등학교** | 복영한 연출 〈춘향전〉 (대전 평송청소년문화센터 대극장)
- **국립 러시아 아카데미 드라마 극장** | 안톤 체홉 극작, 아제르바이잔 맘베
  또브 연출 〈바냐아저씨〉 (원더스페이스 네모극장)
- **극단 새벽** | 위기훈 작, 한선덕 연출 〈할아버지 보물창고〉

(대전문화예술의전당 앙상블홀)
- **카자흐스탄 국립 고려극장** | 블라디미르 구르낀 극작, 보리스 쁘레오브
  라젠스키, 이올레그 연출 〈까드릴-아내 바꾸기〉
  (원더 스페이스 동그라미극장)
- **극단 청예** | 김윤미 대본, 표원섭 연출 〈상자 속 여자〉 (삼일로 창고극장)
- **극단 청년극장 [122회 정기공연]** | 박근형 작, 방재윤 연출 〈삼총사〉
  (문화공간 너름새)
- **극단 앙상블** | 단 고긴 작, 이종국 연출 〈넌센스〉
  (가톨릭 문화회관 아트홀 외 전국 순회) 외 다수

## 2010

- **극단 파도소리** | 김상렬 작, 강기호 연출 〈번지 없는 주막〉 (여수시민회관)
- **청주시립무용단 [동화 속으로의 여행]** | 박시연 작·안무 〈도깨비 감투〉
  (청주예술의전당 소공연장)
- **극단 은하** | 노경식 작, 백진기 연출 〈달집〉 (효자아트홀)
- **전건호 무용단** | 전건호 안무·구성 〈OH! MY GOD〉
  (청주예술의전당 소공연장)
- **극단 뿌리** | 한윤섭 작, 김도훈 연출 〈조용한 식탁〉 (혜화동1번지)
- **극단 떼아뜨르 고도** | 엘리스 카이퍼즈 원작, 신현림 번역, 권영국 연출
  〈엄마와 나 그리고 냉장고〉 (소극장 고도)
- **극단 홍성무대** | 전인섭 작·연출 〈국밥〉 (홍주문화회관대극장)
- **천안시립무용단** | 김현숙 안무·연출 〈춤에게 길을 묻다〉 (천안시청 봉서홀)
- **청주시립무용단 [제40회 목요 정기공연]** | 박시종 안무·구성·대본
  〈하루에〉 (청주예술의전당 대공연장)
- **극단 앙상블** | 김나영 작, 이종국 연출 〈밥〉 (대전중구문화원 부리홀 외)
- **박재희 새암 무용단 [창단 25주년 기념]** | 박재희 안무·구성
  〈그 바람의 신화〉 (청주예술의전당 대공연장)

국가무형문화재 92호 태평무 예능보유자 박재희 교수님 '춤 50년' 기념공연 후

- **청주시립무용단 [제16회 테마기획 공연]** | 김지성·이미선 안무·구성
  〈크리스마스 환타지_산타 구출 대소동〉 (청주예술의전당 소공연장)
- **극단 청년극장 [이창구 상임 연출 고희 기념공연]** | 이창구 연출
  〈핑크빛 살인〉 (청주예술의전당 소공연장)
- **극단 청예** | 김윤미 작, 표원섭 연출 〈결혼한 여자 결혼 안 한 여자〉
  (씨어터 제이)
- **정은혜 무용단** | 홍원기·김수경 대본, 최윤영 연출 〈미얄〉
  (대전문화예술의전당 아트홀)
- **극단 빈들** | 위성신 작, 유치벽 연출 〈늙은 부부 이야기〉
  (가톨릭문화회관 아트홀)
- **극단 손수** | 주혁준 작, 서재화 연출 〈억새풀〉 (연정국악문화회관 소극장)
- **극단 파도소리 [제147회 정기공연]** | 김상렬 대본, 강기호 연출
  〈악극_번지 없는 주막〉 (여수시민회관)
- **극단 청년극장 제126회 정기공연** | 이만희 대본, 송형종 연출
  〈언덕을 넘어서 가자〉 (문화공간 너름새)
- **청주시립무용단** | 박시종 안무·구성 〈고귀함과 열정〉 (충북학생문화원)
- **충북연극협회** | 이창구 연출 〈악극_홍도야 울지마라〉 (충청북도 순회 공연)

- **[대 백제전-백제 무왕 즉위식]** | 김균태 대본, 송전 연출
  (부여군 구드래 특설무대)
- **극단 마당** | 진규태 연출 〈결혼 연습〉 (소극장 마당)
- **극단 선창** | 노경식 대본, 강대흠 연출 〈철조망이 있는 풍경〉
  (부산시민회관 소극장)

- **카자흐스탄 국립고려극장** | 이올레그 원작, 블라디미르 구르낀 극작,
  Li Oleg 연출 〈아내 바꾸기〉 (부산시민회관 소극장)
- **러시아 하바롭스크 청년문화예술극장** | 헨릭 입센 원작, 따찌아나 바블
  로바 각색·연출 〈헤다 가블러〉 (대학로예술극장 외)
- **극단 앙상블** | 김광림 작, 이종국 연출 〈날 보러와요〉
  (대전가톨릭문화회관 아트홀) 외 다수

## 2011

- **극단 청년극장** | 이창구 연출 〈아씨〉 (충주문화회관 외 충북지역 순회)
- **극단 내여페** | 한윤섭 작·연출 〈수상한 궁녀〉 (청운예술극장)
- **대전민속예술연구회** | 송백현·송명수 고증, 정은혜 연출
  〈유성 봉명리 온천수 착정 놀이〉 (전남 여수시 거북선공원)
- **성남고등학교** | 명진희 연출 〈뮤지컬 페임〉 (부산 금정문화회관 대공연장)
- **성남고등학교** | 명진희 연출 〈뮤지컬 그리스〉 (충남학생교육문화원)
- **극단 민예 [38주년 146회 정기공연]** | 김나정 대본, 김성환 연출
  〈누가 살던 방〉 (한성아트홀 1관, 아리랑아트홀)
- **카자흐스탄 국립 고려극장** | 안톤 체호프 작, 스키르다 드미트리 연출
  〈곰〉 (백운아트홀)
- **극단 파** | 김민영 대본, 김영순 연출 〈나의 마지막 연인〉 (알과핵 소극장)
- **극단 예촌** | 최송림 작, 주선홍 연출 〈삽다리 블루스〉
  (아산시민생활관 대공연장)
- **극단 홍성무대** | 전인섭 작·연출 〈회 回〉
  (아산시민생활관 대공연장, 원주 치악예술관)

극단 민예 공연 중 최주봉 선생님과

- **극단 뿌리** | 한윤섭 작·연출 〈굿모닝 파파〉 (알과핵 소극장)
- **청주대학교 연극영화과** | 안톤 체호프 대본, 장은섭 연출 〈갈매기〉
  (청주대학교 예술대학 소극장)
- **극단 홍성무대** | 권기복 대본, 전인섭 연출 〈나룻배와 행인〉 (홍주문화회관)
- **청주시립무용단 [제48회 목요 정기공연]** | 박시종 안무·구성 〈사계〉
  (청주예술의전당 대공연장)
- **극단 뿌리** | 이언호 작, 김도훈 연출 〈Q요리, 그게 뭐지요〉
  (설치극장 정미소)
- **정은혜 무용단** | 홍원기 작, 김수경 연출 〈처용〉
  (대전문화예술의전당 대공연장)
- **극단 청년극장** | 김서현 연출 〈발칙한 녀석들〉 (문화공간 너름새)
- **극단 빈들** | 박찬규 작, 유치벽 연출 〈마트〉 (대전문화예술의전당 앙상블홀)
- **극단 빈들** | 위성신 작, 유치벽 연출 〈늙은 부부이야기〉 (소극장 핫도그)
  외 다수

## 2012

- **박시종 무용단** | 이인숙 극, 박시종 안무·구성 〈채송화로 피어〉
  (청주예술의전당 대공연장)
- **극단 앙상블** | 김태수 작, 이종국 연출 〈불나고 바람불고〉
  (광주문예회관 소극장)
- **목포시립연극단 [제21회 정기공연]** | 유리피데스 원작, 로빈슨 제퍼스
  각색, 김성옥 연출 〈메디아〉 (목포문화예술회관)
- **극단 민예** | 선욱현 작, 김성환 연출 〈구몰라 대통령〉 (설치극장 정미소)
- **충북연극협회** | 오영진 작, 이창구 연출 〈맹진사댁 경사〉 (빛고을 문화회관)
- **극단 아시랑** | 위성신 작, 손민규 연출 〈늙은 부부이야기〉 (함안문화예술회관)
- **극단 새벽** | 윤정환 작, 한선덕 연출 〈짬뽕〉 (대전문화예술의전당 앙상블홀)

- **극단 아시랑** | 김나윤 작, 김수현 연출 〈그녀들만 아는 공소시효〉
  (함안문화예술회관 대공연장)
- **청주시립무용단** | 김지성 작·연출
  〈동화 속으로의 여행-산타구출대소동〉 (청주예술의전당 소공연장)
- **극단 천안** | 석애영 작·연출 〈우리가 꿈 꾸는 세상〉
  (충남학생교육문화원 대극장)
- **극단 아시랑** | 위성신·오영민 작, 김수현 연출 〈늙은 부부 이야기〉
  (함안 문화예술회관 대공연장)
- **성민주 무용단** | 이인숙 대본, 성민주 안무·구성
  〈대문(大門), 대...문(大問)〉 (청주예술의전당 대공연장 외)
- **청주시립합창단 [제111회 수시 공연]** | 〈봄에 내리는 영화음악〉
  (청주예술의전당 소공연장)
- **목포시립연극단 [제22회 정기 공연]** | 드니스 살램 작, 김성옥 연출
  〈엄마는 오십에 바다를 발견했다〉 (목포문화예술회관 공연장)
- **극단 우리네땅** | 심상교 작, 김봉열 연출 〈가판대〉 (치악예술관 외)
- **극단 홍성무대** | 전인섭 작 연출 〈아리랑〉 (광주문화예술회관 소극장 외)
- **박시종 무용단** | 홍원기 대본, 이학현 연출, 박시종 안무·구성
  〈나와 나타샤와 시인〉 (아르코예술극장 대극장)
- **청주시립무용단 [제61회 목요정기공연]** | 국수호 연출
  〈아~별의 전설 송범〉 (청주예술의전당 대공연장)
- **극단 빈들** | 유치벽 연출 〈마트2〉 (대전문화예술의전당 앙상블홀)
- **극단 가교** | 신기섭 대본·연출 〈11월! 아무것도 끝나지 않은〉
  (알과핵 소극장)
- **청주시립무용단** | 임오섭 대본, 이동용 연출, 김평호 안무
  〈춤향 별꽃의 서〉 (청주예술의전당 대공연장) 외 다수

2013년 충남 전국연극제 시상식 날 예산문예회관 앞에서 이훈호 대표, 배우 유인석 선생, 극단 미소 천영훈 대표

2019년 극단 휴먼비 〈여자만세2〉 공연을 마치고

## 2013

- **극단 아시랑** | 오세혁 작, 손민규 연출
  〈크리스마스에 삼십만 원을 만날 확률〉 (함안문화예술회관)
- **극단 홍성무대** | 석애영 작, 전인섭 연출 〈계녀몀〉 (홍주문화회관)
- **극단 이그라** | 김경화 대본, 최성우 연출 〈모함-강빈야사〉
  (부산문화회관 중극장)
- **청주시립무용단 테마기획 공연** | 박정한 안무·구성
  〈할머니의 검정 양말〉 (청주예술의전당 소공연장)
- **극단 우리네땅** | 김봉열 대본·연출 〈모기〉 (속초문화회관)
- **목포시립연극단** | 김성옥 연출 〈김대중 대통령 노벨평화상 기념관 개관
  공연〉 (목포시민문화체육센터 대공연장)
- **극단 앙상블** | 김태수 작, 이종국 연출 〈꽃마차는 달려간다〉 (뻔뻔 아트홀)
- **극단 미소** | 김남중 원작, 백하룡 각색, 천영훈 연출 〈바람처럼 달렸다〉
  (창원 아트홀)
- **홍지영 무용단** | 홍지영 안무, 구성 〈꼭두 생명을 얻다〉
  (CMB 엑스포 아트홀)
- **극단 천안** | 석애영 작, 연출 〈우리가 꿈꾸는 세상〉
  (충청남도학생교육문화원 대공연장)
- **대전문화재단** | 정미진 작, 남명옥 연출 〈바보 누나〉 (소극장 핫도그)
- **극단 아시랑** | 김라이 작, 손민규 연출 〈그녀들만 아는 공소시효〉
  (함안문화예술회관 외 순회 공연)
- **청주시립무용단** | 홍란주 작·연출 〈미롱〉 (청주예술의전당 소공연장)
- **목포시립연극단** | 정경진 작, 김성옥 연출 〈제23회 정기공연-홍어〉
  (목포문화예술회관)
- **천안시립무용단** | 명재범 대본, 염복리 연출·안무
  〈제9회 정기공연-판타지 그 네가지 이야기〉 (천안예술의전당 대공연장)
- **극단 둥지** | 김수란 작·연출 〈미운 고등어〉 (예산군문예회관)

- **극단 우리네땅** | 이미정 작, 김종구 연출 〈꽃다방〉
  (원주 중앙청소년 문화의집 공연장)
- **목포시립연극단 [제22회 정기공연]** | 드니즈 살램 작, 김성옥 연출
  〈엄마는 오십에 바다를 발견하였다〉 (목포문화예술회관 공연장)
- **청주시립무용단 정기공연** | 설태영 대본, 김평호 구성·안무
  〈Heaven HELL 꿈〉 (청주예술의전당 대공연장)
- **극단 백마 제19회 공연작품** | 라석촌 작, 김정규 연출
  〈악극-눈물의 남매〉 (국립극장 하늘 극장)
- **박시종 무용단** | 박시종 안무·구성, 이학현 연출 〈여정〉
  (청주예술의전당 소공연장)
- **극단 홍성무대** | 차지성·전상진 작, 이태호 연출
  〈우리에게도 좋은 날이 있다면〉 (홍주문화회관 대공연장)
- **극단 홍성무대** | 전인섭 작·연출 〈아리랑〉 (홍주문화회관 대극장) 외 다수

## 2014

- **청주시립합창단** | 오유경 작·연출 〈뮤지컬 스크루지〉
  (청주예술의전당 대공연장)
- **극단 홍성무대** | 전인섭 작·연출 〈봉선화, 별빛을 물들이다〉
  (홍주문화회관)
- **극단 선창** | 정경진 작, 강대흠 연출 〈붉은꽃 푸른 메아리〉
  (목포문화예술회관 대극장)
- **제34회 목포시립무용단 정기공연** | 안무·구성 정란 〈동행2〉
  (목포시민 문화체육센터 대공연장)
- **청주시립무용단** | 김평호 작·안무 〈춘향(香)-별꽃의서(書)Ⅱ〉
  (청주예술의전당 대공연장)
- **극단 김동수컴퍼니** | 위화 원작, 문의영 각색, 김석주 연출
  〈인생_활착(活着)〉 (대학로 김동수플레이하우스)

2014년 KTV국민방송 촬영 중 대한민국예술원 회원인 김주영 소설가(〈객주〉 작가)와

주성중학교 동문의 밤에서 노영민 동문회장님과

- **극단 우리네땅** | 박나현 작, 김봉열 연출 〈사다리〉 (치악예술관 외)
- **자계 예술촌** | 스와보미르 므로제크 원작, 박창호 연출
  〈遭難者 (웃기는 잠병 이야기, 바다 한가운데서)〉
  (영동 자계예술촌 야외 무대)
- **극단 산야 [극단 산야·동양대학교 연극영화과 산학협동 공연]** |
  강병헌 작, 김종구 연출 〈통닭〉 (원주 중앙 청소년 문화의 집 공연장)
- **박시종 무용단** | 홍원기 대본, 이학현 연출, 박시종 안무·구성
  〈나와 나타샤와 시인〉 (아르코예술극장 대극장)
- **극단 아시랑** | 이만희 작, 손민규 연출 〈언덕을 넘어서 가자〉
  (함안문화예술회관)
- **청주시립무용단 [제30회 정기공연]** | 김평호 대본·안무
  〈한중 교류전_동양의 혼〉 (청주예술의전당 대공연장)
- **극단 홍성무대** | 전인섭 작·연출 〈그날이 오면〉 (홍주문화회관 대극장)
- **극단 뿌리** | 한윤섭 작·연출 〈성호가든〉 (아르코예술극장 소극장)
- **극단 집현** | 김태수 작, 이상희 연출 〈날짜변경선〉 (대학로예술극장 3관)
- **한국 악극 보존회** | 유승봉 연출 〈악극 불효자는 웁니다〉 (전국 순회)
- **극단 뿌리** | 한윤섭 대본, 김도훈 연출 〈조용한 식탁〉
  (아르코예술극장 소극장)
- **박시종 무용단** | 박시종 안무·구성 〈미소〉 (청주예술의전당 소공연장)
- **박재희 춤 50년** | 박재희 안무·구성 〈명불허전 매, 난, 국, 죽〉
  (청주예술의전당 대공연장)
- **극단 빈들** | 송선호 작·연출 〈배꽃동산〉 (소극장 핫도그) 외 다수

## 2015

- **극단 천안** | 류희만 작, 석애영 연출 〈얼굴을 찾아서〉 (울산문화예술회관)
- **전건호 무용단 [제24회 전국무용제]** |
  이학현 대본·연출 〈도하, 어(渡河, 魚)〉 (전북대학교 삼성문화회관)

- **극단 우리네땅** | 김경민 작, 김봉열 연출 〈욕조 속의 인어〉 (작은공연장 단)
- **극단 홍성무대** | 전인섭 작, 류중렬 연출 〈동백아가씨〉 (천안신부 문화회관)
- **함안 연극협회 [제12회 함안예술제]** | 로벨또마 작, 손민규 연출
  〈사람 잡네 그 여자(고독한 남자의 함정)〉 (함안문화예술회관 대공연장)
- **극단 미암 [2015년 공연장 상주단체 페스티벌_호남상주단체 페스티벌]** |
  양수근 작, 차재웅 연출 〈그들의 귀향〉 (담양문화회관 대공연장)
- **성민주 CDH 무용단 [정기 공연]** | 우은정 대본, 성민주 안무 〈아! 임아〉
  (CJB미디어센타 에덴아트홀)
- **극단 우리네땅 [제123회 정기공연]** | 이시원 작, 김봉열 연출 〈변신〉
  (블루소극장)
- **충북연극협회** | 김태수 작 〈옥수동에 서면 압구정동이 보인다〉 (씨어터 제이)
- **청주시립무용단 [제22회 테마기획 공연]** | 박정한 대본·안무
  〈크리스마스 판타지〉 (청주예술의전당 소공연장)
- **극단 홍시** | 김인경 작, 진규태 연출 〈이별의 말도 없이〉
  (대전예술가의 집 누리홀)
- **극작가 노경식 등단 50년 기념대공연** | 노경식 작, 김성노 연출
  〈두 영웅〉 (아르코예술극장 대극장)
- **극단 우리네땅** | 김경민 작, 김봉열 연출 〈욕조 속의 인어〉 (치악예술관)
- **극단 빈들** | 김상렬 작·연출 〈아파트 놀이터에서 생긴 일〉 (핫도그 소극장)
- **천안시립무용단** | 최진웅 작, 김종덕 안무, 박상규 연출 〈색춘향〉
  (천안시청 봉서홀)
- **극단 파도소리** | 송은정 작, 강기호 연출 〈술비야~술비야〉 (여수시민회관)
- **청주시립무용단** | 김평호 연출 〈설날, 세계 속으로의 여행〉
  (청주예술의전당 대공연장) 외 다수

## 2016

- **충북연극협회** | 김영수 작, 이창구 연출 〈혈맥〉 (청주예술의전당 대공연장)

2015년 극단 천안 〈얼굴을 찾아서〉 공연을 마치고 청운대 연극영화과 이원기 교수님과

- **극단 홍성무대** | 김세한 작, 전인섭 연출 〈그녀는 그를 알아보지 못한다〉 (홍주문화회관 외)
- **청주시립무용단 크리스마스 판타지** | 윤미라 안무 〈The flower of a miracle〉 (청주예술의전당 소공연장)
- **극단 우리네땅** | 박나현 작, 김봉열 연출 〈사다리〉 (치악예술관)
- **청주연극협회** | 공동창작, 송형종·이성구 연출 〈직지 그 끝없는 인연〉 (청주예술의전당 대공연장)
- **극단 아시랑** | 한윤섭 작, 손민규 연출 〈절대가인 효녀노아〉 (공주문예회관)
- **충북연극협회** | 이만희 작, 송형종 연출 〈아름다운거리〉 (씨어터제이)
- **청주시립무용단** | 홍원기 작·연출 〈나와 나타샤와 시인〉 (청주예술의전당 대공연장)
- **청주시립무용단 [한가위 맞이 특별공연]** | 김평호 안무·구성 〈한민족의 영혼 감동〉 (청주예술의전당 대공연장)
- **극단 미학 [제22회 정기공연]** | 윤대성 작, 정일성 연출 〈당신, 안녕〉 (휴먼씨어터)
- **극단 천안** | 류희만 작, 석애영 연출 〈얼굴을 찾아서〉

2016년 대한민국 연극인의 밤에서 윤시중 무대미술가와

2016년 대한민국 연극인의 밤에서 엄지용, 이일섭 선생님, 임대일(이종민) 씨와

(홍주문화회관 대공연장 외 순회)

- **극단 춘추** | 김영무 극작, 송훈상 연출 〈노자일기〉 (대학로문화공간 엘림홀)
- **청주시립무용단** | 이재환 작·연출 〈사월의 눈〉 (청주예술의전당 대공연장) 외 다수

2017년 한국연극협회 원로 연극제에서 이순재 선생님과

## 2017

- **경기도립극단** | 김정순 작, 김성노 연출 〈악극 '명랑시장'〉 (경기도문화의전당 소극장 외 전국 순회)
- **한국연극협회, 극단 뿌리 [원로 연극제-김도훈 선생님]** | 테네시 윌리엄스 작, 김도훈 연출 〈유리동물원〉 (대학로예술극장 소극장)
- **극단 집현** | 김태수 작, 이상희 연출 〈고종의 여명을 찾아서〉 (창경궁)
- **극단 파도소리** | 한윤섭 작, 강기호 연출 〈굿모닝 씨어터〉 (대구봉산문화회관 가온홀)
- **청주시립무용단 제36회 정기공연** | 이재환 대본·연출, 박시종 안무 〈춤-더불어-숨〉 (청주예술의전당 대공연장)
- **러시아 우수리스크 국립드라마극장** | 엄인희 작, 조현건 연출 〈그 여자의 소설〉 (우수리스크 국립드라마극장 외)
- **극단 우리네땅** | 남은혜 대본(각색), 김봉열 연출 〈달빛〉 (춘천 축제극장 몸짓)
- **전주시립극단 [제109회 정기공연]** | 함세덕 작, 홍석찬 연출 〈고목〉 (덕진예술회관)
- **청주시립국악단 [제105회 정기연주회 겨레전 국악]** | 조정수 지휘 〈국악 칸타타 '어부사시사'〉 (청주예술의전당 대공연장)
- **극단 신협 [창단 70주년 기념]** | 안치용 각색·연출 〈하믈레트〉 (아르코예술극장 대극장)
- **전주시립극단 [제111회 정기공연]** | 이지현 작, 홍석찬 연출 〈시장 전설 '꽃피는 국밥' (원제: 콩나물 국밥)〉 (덕진예술회관) 외 다수

2017년 명인전에서 손혜원 의원과 부엉이 그림 앞에서

## 2018

- **극단 새벽** | 유보배 작, 한선덕 연출 〈아버지 없는 아이〉
  (러시아 이르크츠크 국립 드라마극장, 대전예술의전당 앙상블홀 외)

- **극단 에이치프로젝트** | 한윤섭 작·연출 〈전시 조종사〉
  (대학로 스튜디오 76 소극장)

- **경기도립극단** | 위기훈 작, 남궁련 연출 〈페널티 먹은 남자들!〉
  (경기상상캠퍼스 생생1990 앞마당 외)

- **경기도립극단 [2018 경기도 정명 천년 기념 판타지 국악극]** |
  한민규 작, 정재호 연출 〈천년도〉 (성남아트센터 오페라하우스)

- **극단 늘품** | 천은영 작, 안진상 연출 〈회연〉 (대전연정국악문화회관)

- **극단 은하** | 이근삼 작, 백진기 연출 〈막차 탄 동기동창〉
  (대전시립연정국악원 큰마당)

- **극단 즐거운 사람들** | 김병호 연출 〈광풍〉

- **극단 홍시** | 김인경 작, 신정임 연출 〈고려극장 홍영감〉 (소극장 커튼콜 외)

- **평창 동계올림픽, 강릉문화올림픽 레거시 (강릉예총)** |
  권대혁 대본·연출 〈월화전〉 (강릉아트센터 소공연장)

2018년 인천문화재단 공연을 마치고– 극단 집현 대표 최경희, 이상희 연출

- **유연희 춤 연구회** | 유연희 안무 〈꽃 춤〉 (청주예술의전당 소공연장)

- **청주시립예술단, 청주시립무용단 [브런치 콘서트]** | 박시종 안무·구성
  〈춤으로 전하는 사랑의 편지〉 (청주예술의전당 소공연장)

- **늘푸른연극제–권성덕 선생** | 프리드리히 뒤렌마트 작, 김성노 연출
  〈로물루스 대제〉 (아르코예술극장 대극장)

- **극단 휴먼비** | 국민성 작, 장경섭 연출 〈여자 만세2〉 (한성아트홀1관)

- **제주연극협회** | 한윤섭 작, 김성노 연출
  〈섬에서 사랑을 찾다〉 (제주아트센터)

- **밀양 연극촌** | 이대영 작·연출 〈박무근 일가〉 (밀양 연극촌 우리동네극장)

- **청주시립무용단 [제28회 테마기획 공연]** | 김세희·이찬호 대본·안무·
  연출 〈메리와 크리스〉 (청주예술의전당 소공연장)

- **청주시립무용단 [한가위 특별공연]** | 이제환 대본·연출, 박시종 안무
  〈아름다운 춤의 교향곡〉 (청주예술의전당 대공연장)

- **극단 집현 2018년 인천왈츠 시민창작뮤지컬** | 이상희 총구성·연출
  〈강화 1866, 삼랑성 분투기〉 (송도 트라이보울) 외 다수

## 2019

- **극단 이구아구 [제3회 정기공연]** | Franz Kafka 원작, 정재호 연출
  〈변신〉 (후암스테이지, SH아트홀 외)

- **2019년 벽파춤 연구회** | 박재희 안무 〈명불허전〉 (국립국악원 예악당)

- **극단 채움, 극단 코올** | 아가사 크리스티 작, 이창구 번역, 김상규 연출
  〈열개의 인디언 인형〉 (소극장 커튼콜)

- **극단 에이치프로젝트** | 한윤섭 작·연출, 대한민국연극제 참가작
  〈전시 조종사〉 (아르코예술극장 대극장)

- **극단 홍성무대** | 위기훈 작, 전인섭 연출, 대한민국연극제 참가작
  〈1937년, 시베리아 수수께끼〉 (아르코예술극장 대극장)

- **극단 휴먼비** | 국민성 작, 정경섭 연출 〈여자만세2〉 (예술의전당 자유소극장)

- **극단 새벽** | 헨릭 입센 원작, 송전 번역, 한선덕·송전 연출
  〈송전 교수 정년퇴임 축하공연-유령〉(상상아트홀)
- **한국연극협회 제4회 늘푸른연극제** | 뒤렌마트 원작, 최병준 번역
  손정우 연출 〈노부인의 방문〉(아르코예술극장 대극장)
- **극단 동양레퍼토리** | 조중환 작, 오세혁 각색, 김성노 연출
  〈청문회 전야(원제 병자삼인)〉〈우리극 찾기 공연〉(동양예술관 2관)
- **경산시립극단** | 김광탁 작, 김도훈 연출
  〈제6회 정기공연-아버지와 나와 홍매와〉(경산시민회관 대극장)

## 2020

- **극단 동양레퍼토리 [2019년 원로예술인공연지원사업]** |
  이광수 작, 김학수 각색. 김성노 연출 〈무명〉(동양예술극장 2관)
- **극단 휴먼비** | 국민성 작, 정경섭 연출 〈여자만세2〉
  (진주문화예술회관, 부산시민회관 소극장 외 전국 순회)
- **극단 홍성무대** | 전인섭 작·연출 〈국밥〉(홍성군 광천문화회관)

극단 집현 공연 후

- **극단 연극마을** | 차범석 작, 조현건 언출 〈산불〉(군포문화예술회관)
- **극단 동선** | 최빛나 작, 조성일 연출 〈그녀가 사라졌다〉(청석에듀씨어터)
- **극단 홍시** | 박재홍 작, 신정임 연출 〈연심-시가 깃든 연극〉(소극장 마당)
- **㈜컬쳐뱅크** | 장윤성 원작, 장경섭 연출 〈뮤지컬하모니카〉(예그린씨어터)
- **극단 빈들** | 김인경 작, 유치벽 연출
  〈알을 깨고 나온 새는 무엇으로 나는가〉(상상아트홀)
- **공주시청 [제66회 백제문화제]** | 김낙형 총감독, 홍우찬 총연출, 최철 협
  력연출 〈뮤지컬 웅진판타지아 '무령대왕'〉(공주시문예회관대극장)

## 행사무대 디자인·제작

- 1998년 　　김대중 대통령 취임식
  　　　　　충청북도 카퍼레이드 디자인 및 제작 (행정자치부)
- 1998년 　　대한민국 50년 건군 50년
  　　　　　충청북도 카퍼레이드 제작_경기 성남비행장 (충청북도)
- 2002년 　　청주 공예비엔날레 체험 테마장_청주예술의전당 일원
- 2003년 　　청주 직지 축제 체험 테마장 (고려 주막 재현) 외 다수
  　　　　　청주시 예술의전당 일원
- 2007년 　　청주 예술제 개막식 무대 설치_청주예술의전당 대공연장
  　　　　　(청주예총)
- 2008년 　　청주 예술제 개막식 무대 설치_청주예술의전당 대공연장
  　　　　　(청주예총)
- 2008년 　　충북 도민 체육대회 카퍼레이드 제작 (보은군)
- 2008년 　　전남 명량대첩축제
  　　　　　충무공 이순신 장군의 명량 십경 벽화 시공
  　　　　　(전라남도 해남군 울돌목 진도대교 일원)
- 2012년 　　청주 직지 축제 테마파크 시공 (청주시)
- 2014년 　　대한민국 연극인의 밤 무대 설치 아르코예술극장 대극장
  　　　　　(한국연극협회)

- 이 밖에 200여 회 야외 행사 무대 디자인 및 전시 박스 및 벽화 시공

## 기 타

- 1989년~1999년 　　한국담배인삼신문 삽화 및 만평 기고
- 1985년~현재 　　일간지 및 신문 공연 리플릿,
  　　　　　　　　포스터 및 광고사 만화와 표지로그 디자인

# 미술(한국화) 작품 활동

## 개인전 및 2인전

- 1983년부터 창작활동 시작
- 1988년 민병구의 습작전 (고이고이 커피숍)
- 1989년 민병구의 개인전 (청주예술관)
- 1993년 강재원 민병구의 봄 나드리전 (무심갤러리 초대)
- 2007년 민병구의 무대미술 및 무대공연 자료전 (청주예술의전당 전시실)
- 2009년 채묵화회 올해의 작가 초대-민병구의 로정(路情) 전
  (청주예술의전당 전시실)
- 2010년 민병구 개인전 '로정(路情) 2전' (청주예술의전당 전시실)
- 2015년 민병구 '기억 속에 지나가는 풍경전 1'
  (청주예술의전당 전시실, 세종시민회관)
- 2016년 민병구 '기억 속에 지나가는 풍경전 2' (청주예술의전당 전시실)

## 단체전

- 1984년~1986년 송향회 한국화전 (청주예술관 외)
- 1985년 서울 미술작가협회전 (서울갤러리)
- 5019전 (공간화랑)
- 1985년 새터전 (조치원 신협2층)
- 1989, 1990, 1995년 남부 현대미술제 (제주문예회관, 목포KBS 외)
- 1989년~충북 청년미술제 (청주예술관, 월천화랑)
- 충북 100년전 (청주예술의전당)
- 한국의 부채전 (서원대학교 역사박물관)
- 전환전 (국립청주박물관 외)
- 창조회전 (경인미술관, 서울시립미술관, 중국상해미술관 외)

- 아름다운 청주전 (청주예술관 외)
- 갤러리 신 미술관 개관 기념전 (신미술관)
- 꽃그림 기획전 (수인갤러리)
- 50인 군집 개인전 (청주예술의전당)
- 한국미술협회전 (예술의전당 한가람미술관)
- 충북 청년 작가전 (대청호미술관 외)
- 1989년~현 김복진미술제 및 추모 미술전 (대청호미술관 외)
- 1991년 5월 동인전 (관훈미술관)
- 1992년 '동서의 만남 점, 선, 면' 전 (코스모스갤러리)
- 1994년 동학 100주년 기념전 (무심갤러리)
- 1994년~현 청주미술협회전 (청주예술의전당 외)
- 1995년 미술의 해 기념 '한집 한그림 걸기' 전 (무심갤러리)
- 1995년~현 채묵화회 회원전 (오창 시립미술관 외)
- 1995년~현 충북미술협회전 (청주예술의전당 외)
- 1997년 광주 통일미술제 (광주망월동 5·18묘역)
- 2005년~현 채묵화회 쌀 한 가마니 송구영신 전 (갤러리 홍 외)
- 2008년~현 충청남도 출향작가 깃발 미술제 (당진문예회관 외)
- 2010년~현 청주아트페어 전 (청주예술의전당)
- 2012년 Network C. A.r 독일 아트페어 (독일에쎈 쫄페이어라인)
- 2013년~현 한국화 동질성전(대전, 강릉 외 전국 )
- 2014년 한국예술문화 명인 인증 전시회 (고양꽃박람회장)
- 2014년 충북인문자연 진경전 (청주예술의전당 외)
- 2015년 무심천 프로젝트
- 2016년 제1회 대한민국연극제 개최 기념 국제 무대미술·의상·소품전
  기획 (청주예술의전당 전관)
- 2017년 화랑미술제 (코엑스)
- 2017년 벡스코 국제 아트페어 전 (벡스코)
- 2017년 한·러 문화예술 교류전 (러시아 우수리스크 국립드라마극장)
- 2017년 1980년~1990년 청주미술 '어느 누가 답을 줄 것인가'
  (청주시립미술관 기획)
- 2017년 제2회 한·중 현대미술 교류전 (청주예술의전당)
- 2017년 한국예술문화 명인 명작전 (하나로 갤러리)
- 2017년~현 충청 현대 한국화 초대전 (부여 정림사지박물관)
- 2018년 한중서예문화교류전 (중국계림 우산공원, 청주예술의전당 전시실)
- 2019년 김기성갤러리 개관 기념 특별 초대전 (부여 김기성 갤러리)
- 2020년 충북교육문화원기획전 '꽃을 담다' 전 (충북교육문화원 2층 예봄 갤러리)
- 2020년 더코르소갤러리 특별전 (더코르소갤러리)

# 고마운 분들과
## 예술을 사랑하는 추억 속의 사람들

공연이 끝나고 아쉬움을 달래기 위해 사랑하는 사람들과 함께 어색한 표정으로나마 기념촬영을 했습니다.

시간이 흐르면서 빛바랜 사진만큼이나 하나의 추억으로 쌓여가고 있습니다. 진정한 무대미술의 시선은 무대 안의 도구나 장치에 국한되는 게 아니라 무대 밖의 관객이나 행인들에게까지 가 닿아야 한다고 생각합니다. 무대미술 현장에서 함께하고, 도와주고, 응원해주신 모든 분들에게 고마움을 전합니다.

1997년 충북연극협회 〈역마살〉 공연을 마치고

1999년 극단 청년극장 〈산불〉 공연이 끝나고

1999년 극단 청사 〈그것은 목탁 구멍 속의 작은 어둠이었습니다〉 공연을 마치고

2001년 극단 청년극장 〈천사여 고향을 보라〉 공연을 마치고

2003년 극단 청년극장 〈달의 안해〉 공연을 마치고

2010년 극단 뿌리 〈조용한 식탁〉 공연을 마치고

2010년 극단 선창 〈철조망이 있는 풍경〉

2010년 극단 은하 〈달집〉 공연을 마치고

2011년 극단 앙상블 〈베로니카 오! 베로니카여〉 공연을 마치고

2012년 극단 빈들 〈마트〉 공연을 마치고

2012년 극단 앙상블 〈불나고 바람불고〉 공연을 마치고

2012년 청주시립무용단 〈별의 전설 아! 송범〉 공연을 마치고

2013년 목포시립연극단 〈밤으로의 긴 여로〉 공연이 끝나고

2013년 전국연극제에서 극단 신협 전세권 대표님과 함께

2014년 군산 전국연극제 초청 공연작 러시아 람빠극장 공연이 끝나고

2014년 목포시립연극단 공연 전 극단 신협 대표 김성옥 선생님과

2014년 극단 뿌리 〈성호가든〉 공연이 끝나고

2014년 카자흐스탄 알마티국립고려극장 단원들과

2015년 공주 고마나루연극제에서 극단 집현 단원들과

2015년 〈노자일기〉 공연 전 정욱 선생님과

2015년 울산 연극인의 밤에 극작가 노경식 선생님과

2015년 청주시립무용단 〈청청춤춤〉 공연을 마치고

2015년 청주시립무용단 〈청청춤춤〉 공연을 마치고 홍원기 선생님, 청학
동 김봉곤 훈장님과

2015년 청주아트페어에서 갑진산업개발 최재두 사장

2016년 남해탈박물관에서 고(故) 김홍우 교수님과

2016년 청주예술의전당에서 송계 박영대 선생님과    2016년 대한민국 연극제 공연 전 석애영과    2016년 강원 연극제 횡성군에서 오현경 선생님, 이반 선생님과

2016년 극단 민예 〈물도리 동〉 공연을 마치고    2016년 대학로 마로니에 공원에서 이창구 교수님, 박상규 교수님

2016년 대한민국 연극인의 밤에서    2016년 대한민국 연극인의 밤에서 강원연극협회 지회장님, 하철경 한국예총 회장님, 무대미술가 김일태 님, 양재성 선생님

2015년 중부무대제작소에서 유순웅 형님과

2016년 대한민국 연극인의 밤에서 박상규 교수님과

2016년 대한민국 연극인의 밤에서 박정자 선생님과

2016년 〈두 영웅〉 공연을 마치고 김성노 선생님과

2016년 〈물도리 동〉 공연 끝나고 전무송 선생님과

2016년 목포 커피숍에서 〈만선〉을 집필하신 천승세 선생님과

2016년 아르코예술극장에서 〈두 영웅〉 공연을 마치고 노경식 선생님과

2016년 러시아 우스리스크 국립 드라마극장 무대 미술가 스베딸레나

2016년 무대 미술가 송용일 선생님과 분장실에서

2016년 상명대학교 박상규 교수님과 연출가 강태식 선생

2016년 안산에서 한국화가 이영수 교수님과

2016년 장기용 선생님과

2016년 세종문화원 개인전에서 이춘희 세종시장님(서명숙 여사) 가족과

2016년 전주 삼성문화회관 앞에서 원동규 조명 감독님과

2016년 제1회 대한민국 연극제 서울페스티벌에서 고인범 선생님과

2016년 청주 무심천프로젝트 현율 설치미술 작품 앞에서 서예가 이동원과

2016년 제1회 대한민국 연극제 서울페스티벌에서 윤석화 선생님과

2016년 제1회 대한민국 연극제 서울페스티벌에서 최종원 선생님과

2016년 카자흐스탄 알마티국립고려극장 류보피 아부구스티노브나 극장장 Любовь Августовна Ни (Lubov Avgustovna Ni)  2016년 카자흐스탄 알마티국립고려극장 무대미술가 Юлия Чернова (율리야 쵸르나바)  2017년 권성덕 선생님과

2017년 극단 에이치프로젝트 〈후궁 박빈〉 공연 후  2017년 부산시립박물관에서 이원복 관장님, 전 청주문인협회 심억수 회장님

2017년 양재성 선생님과 공연 전  2018년 극단 새벽 〈아버지 없는 아이〉 공연을 마치고

2018년 극단 에이치프로젝트 〈후궁 박빈〉 공연을 마치고

2019년 한서대학교 조원석 교수님과

2018년 극단 은하 〈막차 탄 동기동창〉 공연이 끝나고

공연 전 정진수 교수님과

2019년 경산시립극단 〈아버지와 나와 홍매와〉 공연을 마치고 작가 김광탁 선생님과

배우 이태훈 선생님과 공연이 끝나고

연출가 이창구 교수님과

2019년 경산시립극단 〈아버지와 나와 홍매와〉 공연을 마치고

2019년 〈노부인의 방문〉 공연을 마치고

대한민국 연극인의 밤에서 박근형 연출가와

2020년 극단 빈들 〈봄날은 간다〉 공연을 마치고